À Carole,

Bravo pour ton amour de la lecture
et de la réflexion!
Je te souhaite d'agréables moments
en compagnie de Monsieur Thée
Amitiés,
Danielle 19 janvier 2004

LE SALON DE
MONSIEUR THÉE

Au plus profond de notre être
il existe un univers immense

Danielle Hu

AdA Inc.

Révision : Denise Pelletier
Typographie et mise en page : François Doucet
Graphisme de la page couverture : Carl Lemyre
ISBN 2-89565-085-3
Première impression : 2002
Dépôt légal : quatrième trimestre 2002
Bibliothèque Nationale du Québec
Bibliothèque Nationale du Canada

Éditions AdA Inc.
172, des Censitaires
Varennes, Québec, Canada, J3X 2C5
Téléphone : 450-929-0296
Télécopieur : 450-929-0220
www.ADA-INC.com
INFO@ADA-INC.COM

Diffusion
Canada : Éditions AdA Inc.
Téléphone : 450-929-0296
Télécopieur : 450-929-0220
www.ADA-INC.com
INFO@ADA-INC.COM
France : D.G. Diffusion
Rue Max Planck, B.P. 734
31683 Labege Cedex
Tél : 05-61-00-09-99
Belgique : Vander- 27.61.12.12
Suisse : Transat- 23.42.77.40

Imprimé au Canada

Participation de la SODEC et de PADIÉ.
Gouvernement du Québec - Programme de crédit d'impôt pour l'édition de livres - Gestion SODEC.

LE SALON DE MONSIEUR THÉE

Au plus profond de notre être
il existe un univers immense

Danielle Hudon

Notre passage sur terre est parfois difficile, c'est pourquoi j'ai longtemps souhaité fuir la réalité qu'était ma vie.

Je rêvais d'un ailleurs que j'avais idéalisé, un autre monde, parfait celui-là, où je passerais l'éternité dans un lieu où le mal n'avait jamais existé, dans une paix profonde et entourée d'amour. Dans mon rêve de l'au-delà, les enfants ne mouraient pas, les parents étaient parfaits, les patrons visaient le bonheur de leurs employés, les amis étaient là, sans attente, les pères n'abandonnaient pas leurs enfants. Il n'y avait pas de fragmentation en pays ni de guerres affreuses. Les hommes s'aimaient les uns les autres exactement comme le Maître de l'Univers nous aime. Je rêvais de ce Paradis. Heureusement, les songes sont exempts d'impôts, sinon j'aurais certainement déclaré faillite.

C'était mon « château en Espagne ».

En réalité, je m'appelle Marthe et je suis curieuse, très curieuse. Un vrai chercheur a toujours une obsession, pour certains, c'est le remède au cancer ; pour d'autres la solution à la pollution. Mon idée fixe à moi c'était de trouver un sens à la vie. J'ai fouillé dans mille et une méthodes pour trouver la bonne réponse et après plusieurs années de recherche, j'ai enfin réalisé qu'il y en avait plus d'une. J'ai fureté dans le Zen, le yoga, la religion, les sectes, les groupes de croissance et j'en passe. Je n'ai pas trouvé de vérité unique résumée en une seule phrase de sagesse – en fait c'est ce que je recherchais. Cependant, j'ai réussi à occuper ma vie avec cette passion et c'est cela qui compte.

Je n'ai rien à voir avec Marthe de l'Histoire Sainte, celle qui avait une sœur nommée Marie et un ami appelé Jésus. Vous souvenez-vous de cet épisode de la Bible où Marthe préparait le souper pendant que sa chère sœur était bien installée dans le salon à discuter avec Jésus ? J'ai toujours réagi à ce qui me semblait une réplique arrogante de la part de Jésus : « Marthe, Marthe, tu t'inquiètes et t'agites pour bien des choses. Une seule est nécessaire. C'est bien Marie qui a choisi la meilleure part ; elle ne lui sera pas enlevée ». Deux mille ans plus tard, l'histoire fait encore de l'effet !

Revenons à nos moutons, aujourd'hui, c'est moi qui porte le nom de Marthe. Je suis d'origine québécoise et je n'ai pas de sœur prénommée Marie. Par contre, comme Marthe de l'Histoire Sainte, moi aussi j'ai eu un grand ami, un homme qui m'a beaucoup appris. Son nom n'est pas Jésus, mais bien Monsieur Thésaratopoulos et il est d'origine grecque. Un jour, je lui ai demandé s'il acceptait que je l'appelle Monsieur Theos, c'était plus simple. Il m'a tout simplement répondu « À toi de décider Marthe ». Je suis donc allée encore plus loin dans mon appellation. Je l'ai surnommé Monsieur Thée, tout simplement. J'affectionne ce diminutif.

L'histoire qui suit se passe dans une ville très ordinaire d'environ mille habitants. C'est une agglomération de familles, sans industries, ni édifices de plus de douze logements. J'y suis née, j'en suis partie durant quelque temps et j'y suis revenue depuis une vingtaine d'années. À l'époque, nous étions fiers du nom donné à notre cité et qui lui allait si bien : « Prévert ». Aujourd'hui, on a remplacé presque tous les parcs et les champs par des édifices de trois à quatre étages qu'on nous dit plus payants.

En raison d'une manigance d'argent, les saules pleureurs que je contemplais de ma grande fenêtre de cuisine ont été rasés pour faire place à quatre étages de béton. J'ai pleuré vingt-quatre heures durant le jour où on les a coupés. Le lendemain, j'ai lu un article au sujet des camps de réfugiés au Rwanda qui a séché mes larmes immédiatement. Aujourd'hui, même si je n'aime pas le ciment que je vois de ma cuisine, j'ai appris à apprécier les gens qui y vivent.

Pour écrire, je m'installe toujours dans ma chambre. Elle donne sur la rue. De ma fenêtre, je peux voir deux gros érables, en été, l'un est rouge et l'autre vert. En automne, ils sont tous les deux nus et l'hiver, lorsqu'il neige, ils sont blancs. Pas de chicanerie !

J'ai longtemps écrit par plaisir personnel. Lorsque je terminais mon cahier, j'en déchirais les feuilles et je brûlais le tout, c'était une espèce de rituel qui signifiait pour moi : « c'est du passé, va de l'avant maintenant ». J'ai fait cela pendant des dizaines d'années. Un jour, j'ai reçu en cadeau un magnifique cahier relié à couverture jaune moutarde. La beauté du cahier m'a inspirée. C'est aussi à cette même époque que j'ai eu une véritable révélation. L'heure était venue, je ne voulais plus détruire mes mots, mais les partager.

J'avais alors un préjugé au sujet des révélations. Deux préjugés, en fait, je croyais qu'il fallait être un saint homme pour en être digne et j'imaginais qu'elles devaient toujours s'accompagner d'un signe à vous renverser par terre : le ciel qui s'ouvre, les colombes qui parlent, la mer qui se sépare en deux, etc. Je me trompais royalement. Je faisais erreur aussi au sujet du vrai cadeau qui n'était pas le cahier jaune, mais bien la révélation.

Le jour où Monsieur Thée est entré dans ma vie, j'aurais pu comparer ma tête à une soupe d'idées noires qui chauffait à fond dans un autocuiseur oscillant à pleine vapeur. Monsieur Thée a baissé le feu pour me faire découvrir un monde totalement différent, me guidant vers ce que je cherchais depuis si longtemps. Ce n'est pas un sens à LA vie que j'ai trouvé avec Monsieur Thée, mais un sens à MA vie. Je voudrais vous offrir ce morceau de mon existence qui constitue toute ma richesse.

Avant l'arrivée de Monsieur Thée dans notre ville, il y avait l'Absence. Elle se faisait sentir chez nous tous. Sans que nous le sachions, il y avait aussi dans notre tête quelque chose qui faisait du grabuge, de la corrosion, – une espèce de clou rouillé – en fait, plusieurs clous rouillés qui contaminaient l'eau de nos corps mettant un voile terrible devant nos yeux et empêchant nos cœurs de se connecter les uns aux autres.

Même si nous en étions inconscients, il nous manquait, lui, que nous ne connaissions pas encore. Comment avions-nous pu vivre aussi longtemps sans Monsieur Thée dans notre ville ? À l'époque, gouvernés par la peur, nous fonctionnions comme des automates. Nous vivions la rancune, les guerres internes, remplis du désir de diriger tous et tout, de l'envie de briller devant les autres qui, pourtant, n'avaient d'yeux que pour eux-mêmes. Nos moteurs, étaient l'appât du gain, l'envie d'être reconnus, le pouvoir sur tout, sur les choses, sur les autres, sur notre vie et sur celle des autres. C'était l'Absence qui produisait tout cela, mais nous ne le savions pas. L'Absence créait un vide énorme que nous voulions combler à tout prix et, croyez-moi, le prix était élevé.

Nous voulions remplir ce vide par l'avoir, l'orgueil, les horaires de maniaco-dépressifs sans lithium que nous avions. Nous voulions compenser cette Absence par les promotions, les enfants, le bungalow, les médicaments, la nourriture, les jeux, les folies... Le prix à payer ? La dépression, l'épuisement, l'angoisse, l'insomnie, la maladie, la haine, les peurs, celles des autres, de soi, de tout, la peur de vivre et celle de mourir.

Au début, l'on pouvait s'installer à table, ensemble, pendant des heures, pour discuter de nos malaises, pour échanger. Chacun parlait, tempêtait, chialait, braillait, tremblait. Les seules réponses étaient le vide, l'Absence, l'envie de mourir. Personne n'avait de solution pour personne.

L'heure de la vaisselle nous permettait de continuer la conversation dans le brouhaha des chaudrons, des assiettes et des ustensiles. Plus le lave-vaisselle faisait du bruit, plus nous élevions le ton et plus il y avait de l'atmosphère.

Plus tard, survint une période encore pire, nous n'avions même plus le temps de nous installer à table ensemble. Chacun mangeait de son côté. Fini les soupers communautaires, la chaleur du four, la vaisselle... nous étions trop pressés ! La solitude était là, plus grande que jamais. Quelle époque terrible pour notre ville ! C'était l'enfer ! C'était l'Absence qui nous brûlait ainsi, l'Absence de Monsieur Thée que nous ne connaissions pas encore...

Au commencement, il y avait une place en nous, pour Monsieur Thée, mais elle était inhabitée, vide et nos cœurs se trouvaient dans les ténèbres. Quand je repense à cette période de notre passé, je frissonne. Je ne peux croire que notre ville ait été aussi vide de sens, de bonheur et de paix. Je ne peux imaginer que de telles ombres existaient en chacun de nous.

Quant à moi, à l'époque, je me sentais comme une jeune femme qui veut un enfant et est incapable d'en avoir. Chaque mois, la couleur du sang lui rappelle le vide dans son ventre. Elle a beau avoir des relations sexuelles tous les jours, rien ne prend vie en elle. C'est différent de la mort.

Quand il y a décès, on a quelqu'un à pleurer, on sait au moins pourquoi on déprime, c'est le deuil. Par contre, comment peut-on faire le deuil de ce qui n'a pas encore pris vie en soi ? Comment partager cette angoisse de l'inhabité en soi avec quelqu'un ? Personne ne comprend. Les gens consolent la veuve, mais personne ne remarque la femme qui sort en pleurant de la salle de bain parce qu'elle vient une fois de plus de réaliser l'absence de vie en elle. Avez-vous déjà tenté d'expliquer le néant ?

Ce néant crée la peur qui, à son tour engendre des obsessions. Ma peur racine créée par le vide portait le nom de « peur de la solitude » et mon angoisse à moi s'appelait « les humains ». Devant cette détresse qui m'habitait, j'étais totalement impuissante. Cette dépendance néfaste m'amenait à vouloir combler mon vide par les autres, quitte à me rassasier de compliments hypocrites, d'amours chimériques ou de gloires en forme de mirages. Je voulais tant qu'on m'aime que j'en devenais malade intérieurement. J'avais un cancer de l'âme et je demandais à d'autres cancéreux de me soigner pendant que ceux-ci vomissaient leur propre vie dans la boulimie, l'argent, l'alcool, le jeu, le sexe, le golf. Autant de moyens de crier son vide, autant de moyens de dire « il n'y a pas de vie en moi, c'est vide, je pleure de ne pas être enceinte ». Les hommes aussi auraient désiré ardemment se trouver fécondés

Heureusement, Monsieur Thée est arrivé.

Un peu plus tard, j'ai à nouveau ressenti cette Absence en moi, mais ce n'était plus constant comme avant. C'était comme un éclair, même si quelquefois il durait toute une journée. Je donnais le surnom de « rechute » à ces moments de creux. Comme je ne voulais plus me complaire dans cet état, je repensais aussitôt aux paroles de Monsieur Thée : « Marthe, le trésor que tu cherches tant est en toi, à ta portée. Ne cherche pas ailleurs ».

Ces récidives émotives étaient significatives : cela voulait dire que je m'étais tournée vers l'extérieur pour trouver mon bonheur par les autres, les choses, le travail, les loisirs. Je croyais y trouver une mine d'or que je n'avais pas su bien exploiter. Je me sentais comme un chercheur d'or à Asbestos, or c'est de l'amiante qu'on y trouve, pas de l'or.

J'avais déjà visité une mine d'amiante. L'horreur ! Les hommes descendent le matin dans des prisons souterraines, creusées cent pieds sous terre comme pour y amorcer les travaux d'une ville. Ils restent prisonniers de ce gouffre pendant des heures et des heures. Rien que d'y penser, j'étouffe. Ils ne voient pas la lumière du jour, ne sentent jamais le vent, n'entendent que les bruits des pics dans la terre et ne respirent que de l'air vicié, chargé d'humidité. Pour dîner, ils mangent un sandwich à la poussière. Il arrive même qu'un éboulement les retienne prisonniers dans le fond de la terre et les fasse mourir.

Lorsque je pensais à ces ouvriers, je me disais que moi aussi je creusais dans des mines d'amiante pensant y trouver de l'or. Après un certain temps, toujours trop long, je remontais de ma mine et je retournais à ce royaume intérieur dont Monsieur Thée me parlait si souvent.

C'est là que je me sentais chez moi. C'est en reprenant contact avec ce fragment de perfection en moi que je respirais enfin dans la vraie vie.

Il n'y avait pas que l'Absence qui nous grugeait de l'intérieur, il y avait aussi la folie dans nos logis. Elle était là tous les jours, juste à côté de nous, plus précisément en nous, sous une forme tellement familière.

Ce soir là, j'avais deux billets pour un concert donné par nos musiciens locaux. Je n'avais pas envie de quitter mon sofa douillet pour me retrouver dans le froid. Pour faire plaisir à ma voisine qui jouait du violon dans cet orchestre, j'ai accepté. Le concert se donnait dans l'église, un lieu tout à fait approprié pour un tel événement. Les gens se sentaient l'obligation de parler tout bas, de respecter l'ambiance cérémonieuse qui régnait.

Là, dans cette ambiance de robes longues, de musique sublime, de chemin de croix sur les murs, de violons enivrants, je pris conscience de la démence. Je laissai alors tomber un autre préjugé. J'avais toujours pensé que la déchéance de l'homme prenait la forme d'un sans-abri qui dormait sous ses journaux ou d'un drogué gisant dans un appartement de la rue Saint-Laurent, seringue à la main, entouré de murs tapissés du sang de ses amis.

Ce soir-là, sous mes yeux, s'exhibait toute la bêtise humaine enrobée de dentelle. Lors de ce concert, je vis l'aberration personnalisée dans une rose donnée à un seul homme pour sa performance au violon ! Impossible mais vrai, il n'y avait qu'une seule et unique fleur. La foule debout applaudissait ce soliste. J'étais choquée, outrée. Toute la beauté de ce chef-d'œuvre se trouvait dans l'harmonie créée par l'ensemble, par chacun des membres. Elle résidait aussi dans le travail de ma voisine et de tous ses compagnons de route qui s'étaient exercés pendant un an pour se consacrer entièrement à ce concert. Pourtant, une seule rose était attribuée au meilleur. La foule ne voyait que lui pendant que je souffrais pour ma voisine. Je pleurais sur les trente-deux roses oubliées pour ceux qui nous avaient offert leur cœur dans ce concert. Je suis restée là, assise, prenant conscience de la bêtise humaine.

Un Christ sur la croix semblait m'empêcher de continuer la fête une seconde de plus. Il était cloué sur place, incapable de partir. Il me sembla ce soir-là qu'il voulait que je bouge pour lui. Il m'a fixée droit dans les yeux et m'a lancé ce morceau de vérité : « Marthe, si l'art de la musique est divin, n'oublie pas que le dard du prestige est parfois cynique et plein de venin. » Pourquoi voulait-il me forcer à réfléchir, moi qui ne cherchais qu'à avoir du plaisir ?

J'ai regardé le Christ qui ne bougeait toujours pas. Je Lui ai demandé : « Pourquoi certains ont-ils des roses, des médailles, des primes d'excellence alors que derrière eux tant de gens ont créé toute la beauté d'un travail d'ensemble ? Pourquoi le meilleur est-il plus méritant que celui qui a fourni encore plus d'efforts pour arriver cinquième ? Pourquoi le génie a-t-il un prix ? N'est-ce pas le Créateur qui donne l'intelligence ? Pourquoi le meilleur athlète a-t-il une médaille ? S'il était paralysé, lui donnerait-on de l'or pour son courage ? Est-ce là la folie des hommes, Seigneur ? »

Et j'ai passé la nuit dans cette église à égrener ma série de questions au sujet de la folie. Le Christ ne pouvait pas partir, alors il m'a écoutée jusqu'à la fin.

« Seigneur, si la folie c'était l'insomnie, l'angoisse qui nous prend la nuit, nous serre la poitrine comme un étau ? Si la folie s'appelait peur, tout simplement ? Peur du travail, du noir, des ponts, de mourir, mais encore plus peur de vivre ?

Si la folie c'était l'inertie, une vie complète à ne pas bouger, juste assez d'énergie pour le métro, boulot, dodo. Si c'était mourir à soixante-quinze ans sans avoir trouvé la joie, sans avoir aimé passionnément les animaux, l'écriture, la médecine, le sport, la musique, sans aucune passion. Si la folie c'était le vide qu'on laisse derrière soi, vide affreux devant la question : Comment avez vous occupé votre vie, Mesdames, Messieurs ?

Si la folie c'était l'envie de tuer celui qui nous a laissés, nous a congédiés, nous a ridiculisés. Le scénario du meurtre parfait : tuer la réputation – voilà une belle tuerie !

Il y a aussi la folie des grandeurs, tout doit être gros : la place qu'on occupe en société, le compte de banque, notre mérite, nos honneurs, l'attention qu'ont retient.

Si la folie en nous c'était la recherche des foules quand on a pas encore appris à vivre avec soi-même. On se perd dans des groupes de danse, de ski, de golf, de dîner, de grosses fêtes. Notre propre personne nous fait-elle donc si peur ?

Si la folie c'était de vouloir changer LE monde au lieu de changer DE monde. Il y a deux voies en nous : la première, celle du terre à terre, du matériel, des langues vinaigrées par des paroles acides, des compétitions, des gloires, des parades, du prestige, du court terme, du monde de la chair et de la passion. Il y a aussi la seconde, celle du monde invisible pour les yeux, un monde parallèle, senti, inspiré. Pourquoi ne prend-on jamais nos vacances dans ce coin de monde éternel ? C'est gratuit.

Si la folie consistait à choisir soi-même l'abattoir en voulant suivre un troupeau ! Il faut se sortir de cette prison menant à la mort, se démarquer en utilisant les points d'interrogation quotidiennement, en s'exclamant sur ces belles vertus tranquilles comme la paix, l'harmonie, le courage. Curieux, les journaux n'en parlent jamais ! Il faut se tenir debout dans nos choix, nos opinions, nos amours, notre franchise. Debout en tout !

Si la folie nous amenait à marcher sur un grand boulevard en faisant semblant de voir alors qu'on est myope et que l'on a prêté ses lunettes à quelqu'un d'autre pour qu'il nous dise ce qu'il faut regarder. Chacun doit récupérer ses lunettes. Les faux maîtres collectionnent les lorgnons et les verres de contact, nous empêchant de nous connecter à nous-mêmes. »

Là, dans cette église où je pleurais et où Lui saignait, je L'ai écouté. L'homme sur la croix m'a lancé : « Tu sais, je suis cloué ici et, comme tu le vois, je suis incapable de partir. Si j'ai fini ma vie ainsi, c'est par choix. Je voulais être dans une position où je ne pourrais pas abandonner les hommes sur un coup de tête. Je me suis mis à nu, entièrement à votre disposition, mais toi Marthe, toi, pourquoi m'as-tu abandonné ? »

J'ai éprouvé un sentiment de tristesse suite à Sa remarque. Il avait raison, je le savais et cela me faisait mal. J'avais en moi ce même serrement de cœur qui m'avait étouffée, il y avait bien des années, lorsque j'avais vu pleurer ma mère.

Si vous l'aviez connue, vous sauriez qu'elle pleurait rarement. Cette fois-là, elle avait subi une intervention chirurgicale. Elle était faible et chagrinée. J'étais jeune et insouciante. Je suis remontée de la cave où j'avais été me cacher pour lire pendant des heures. Elle était là, seule, sur sa chaise berçante en cuir vert. Ce n'est pas drôle d'être obligée de se faire bercer par une chaise parce que personne ne vous prend dans ses bras ! Elle pleurait parce que je l'avais abandonnée dans la cuisine, seule avec sa cicatrice qui la faisait souffrir et son incapacité à faire quoi que ce soit. Elle avait envie d'un tout petit peu de tendresse et moi j'avais préféré lire !

Sur son visage, j'ai lu toute sa détresse et je me suis sauvée parce que j'avais honte, exactement comme Adam et Ève lorsqu'ils ont vu qu'ils étaient nus. C'était le même genre de honte et j'ai continué à lire pour effacer mon sentiment de culpabilité.

Il était temps que je me rachète, que je cesse de me sauver. Face à Lui cette nuit-là, j'ai senti le besoin d'agir. Je Le savais incapable de bouger et je voulais faire quelque chose pour Lui, avec Lui, mais je ne savais pas quoi.

Je me réveillais à Sa présence, non pas qu'Il ait été absent de sa croix pendant toutes ces années. C'est plutôt moi qui L'avais laissé là. J'étais partie vers l'aventure de la vie et je revenais vers Lui pour trouver un sens. Je me retrouvais sur une autoroute en forme de labyrinthe et c'est ici que je criais « chute ! J'abandonne, je lâche prise ».

Jusque là, j'avais voulu combler mon vide intérieur par des futilités et des faussetés. Je me sentais si pauvre.

« Qu'est-ce que la pauvreté, Seigneur ? »

« La pauvreté Marthe, c'est d'être aveugle au point de ne pas voir le trésor en soi. C'est aussi croire que quelqu'un d'autre détient la vérité. Ta pauvreté, chère Marthe, ce n'est pas l'insuffisance de tes ressources, c'est simplement que tu ne vois pas ces ressources en toi car tu t'épuises à les chercher ailleurs. Tu repousses sans cesse les grandes retrouvailles. Tu cherches à l'extérieur et tu t'épuises. Tu joues le rôle de celle qui a besoin des autres. Tant que tu ne diras pas "oui, je le veux" à cette Puissance en toi qui t'habite, tu seras pauvre.

Tu es ce que tu veux être, Marthe. Tu as choisi d'être pauvre, comme d'autres choisissent d'être victimes ou bourreaux. Ce ne sont que des rôles. La vie ne doit pas rester une pièce de théâtre. Elle doit un jour devenir vraie. Si tu acceptes d'être riche, alors tu le seras. La richesse, c'est quand tu commences à puiser dans le trésor qui est en toi, celui que ton Créateur y a placé, en d'autres mots, quand tu commences à puiser en toi, là où ton Créateur s'est placé. »

Soudain, j'ai pris conscience que je n'étais plus seule dans ma maison. Je revenais chez moi, c'est-à-dire en moi, et je devenais riche. Pourquoi avoir si peur de soi-même et de la Présence en chacun de nous ? Le premier pas consistait à m'abandonner à cette Énergie en moi que Lui sur la croix, cloué, incapable de bouger, venait de me présenter. Il venait de me redonner une raison de vivre.

À côté de lui, je voyais Bouddha, Moïse, Confucius, mon grand-père, Martin Luther-King, autant d'hommes de bien. Ils étaient tous là, autour de la croix. Ils attendaient eux aussi que je retrouve cette Présence en moi, mais ils voulaient également que j'agisse pour eux, dans le monde, pour le monde. C'était là le deuxième pas. Il me restait à trouver comment m'y prendre.

En sortant de l'église, je suis allée prendre un café chez ma mère. C'est là qu'elle m'a donné en cadeau ce magnifique cahier jaune. Elle m'a dit : « C'est pour écrire tes listes d'épicerie » et moi j'ai compris « c'est pour écrire des pistes, mon génie ! »

Cette nuit là dans l'église, je venais de prendre conscience du désir lancinant qui m'avait habitée ces dernières années. C'est fou comme c'est difwile d'expliquer cette attente ; depuis quatorze ans, je vivais d'espérance. Je ne savais pas ce que j'attendais, mais je savais qu'il devait se passer quelque chose.

Cette ignorance de ma « mission », si on peut l'appeler ainsi, me causait un malaise inexplicable. L'éveil spirituel est similaire à l'éveil sexuel, on ne sait pas ce qui nous arrive. C'est l'éveil d'un désir imprécis qui nous amène à chercher. Dans le cas de l'éveil spirituel, ce désir imprécis conduit vers des outils de recherche comme la psychologie, le yoga, la méditation transcendantale, l'hypnotisme, les ateliers de croissance personnelle, l'analyse transactionnelle, etc. Je pourrais vous dresser des pages entières de moyens mis à notre disposition pour nous introduire à quelque chose de plus grand.

Mon chemin a été long. Il a aussi pris l'allure de montagnes russes. Des hauts me persuadant qu'enfin, j'avais trouvé la voie du Nirvana et des bas désespérants qui me vidaient au point que je ne savais même plus où aller ! Il me fallait traverser ces périodes tour à tour pour réaliser à quel point mon désir était grand de trouver Celui que plusieurs appellent Dieu.

Après cette nuit dans l'église, je me rapprochai encore plus de mon but. J'avais un désir insensé d'action, mais laquelle entreprendre ? Si vous voulez faire le trajet Montréal-Québec, vous n'avez qu'à vous arrêter à une station service et pour deux dollars l'on vous donnera une carte de la province qui vous permettra de vous diriger. Mais existait-il une carte Montréal-Paradis ? Certainement pas chez le marchand du coin !

Au cours de ces années, j'avais cherché Dieu dans les livres. J'espérais y trouver des réponses toutes faites, du tout cuit comme dans un sachet de préparation pour gâteau auquel il suffit d'ajouter de l'eau. Ce que je ne savais pas, c'est qu'en moi se cachait un livre de quelques millions de pages…

J'avais cherché Dieu dans une secte. Qui dit secte dit sécurité ! Plus besoin de penser, quelqu'un le fait pour vous. Plus besoin de se questionner, les questions sont rébellion. Plus besoin de chercher, quelqu'un a déjà tout trouvé pour vous. Jusqu'au jour où j'ai réalisé que j'avais repoussé Dieu en moi pour faire place à quelqu'un qui s'était approprié Sa place, un humanoïde de race blanche, au cerveau détraqué par le désir de pouvoir sur ses semblables.

J'avais cherché Dieu dans le bénévolat : mourants, malades, infirmes… c'était une manière très valable de soulager la souffrance mais pendant quelque temps, j'écoutais les hommes et pas Celui que je cherchais.

J'avais cherché Dieu dans l'enseignement. Tout bon chercheur spirituel, un jour ou l'autre, éprouve le désir d'enseigner. Je me voyais déjà prêcheur le dimanche matin pour une chaîne nationale américaine. J'avais déjà commencé dans le sous-sol de l'église de ma ville. J'apprenais aux autres comment vivre en bon fils du Père. J'ai fini dans mon propre sous-sol, seule, à m'écouter parler.

Je savais que dorénavant, je toucherais enfin à quelque chose d'unique, de différent.

C'est dans ces conditions que Monsieur Thée est arrivé. Je me trouvais dans un état de désir. J'avais une soif de recherche. Je voulais donner un sens à ma vie. Monsieur Thée me fournirait la clé.

Monsieur **Thésaratopoulos était professeur et auteur reconnu mondialement**. Né à Athènes en 1947, il avait écrit une série d'une quinzaine de best-sellers publiés dans soixante pays et traduits en vingt-neuf langues. Son dernier livre parlait de la créativité par l'écriture. C'est pour nous le présenter et pour nous dispenser sa doctrine qu'il voulait s'installer quelque temps dans notre ville.

Il avait enseigné en Grèce. On commence toujours par donner des cours dans notre lieu d'origine, mais nul n'est prophète en son pays. Il professait les écritures, non pas l'étude des Écritures saintes, mais plutôt la sainteté dans l'art d'écrire nos pensées profondes.

En Grèce, on le disait trop révolutionnaire et on l'a donc laissé dans l'ombre. J'ignore dans combien de pays il a travaillé par la suite. Je pense qu'il parcourait le monde depuis au moins trois cents ans. Je ne le sais pas et ce n'est pas important. Quand un Maître arrive dans votre ville, il faut écouter ses préceptes. Il ne faut pas perdre son temps à vouloir connaître son âge, où il est allé et quand, demander le nom de sa mère, si elle était vierge ? Autant de stupidités qui peuvent nous faire dévier du savoir qu'il nous apporte.

C'était un charpentier des mots – chaque construction restait unique. Avez-vous jamais vu deux personnes écrire un texte tout à fait identique chacune de leur côté ? Jamais. C'est un art – c'est aussi un miracle : vingt-six lettres qui nous permettent de faire des milliards de construction de mots, de phrases, de paragraphes, d'histoires. Il était Maître des charpentes linguistiques, voilà ce qu'il était.

Il venait pour révolutionner le 21e siècle. Depuis longtemps, les hommes avaient scruté, étudié, traduit, comparé les écritures. Monsieur Thée allait nous apprendre à fermer ces livres et à passer à l'étape de la création d'univers fantastiques.

Monsieur Thée était le Verbe, celui qui nous ferait passer à l'action.

Ah ! **L'énervement du début !** Parfois, j'ai la nostalgie de cette période de frénésie, d'excitation. Monsieur Thée allait arriver. Nous avions sorti les banderoles : « Bienvenue à un grand artiste », la fanfare de la ville, les décorations de la bibliothèque, comme si nous voulions montrer au monde entier que notre visiteur tant attendu arrivait. Nous pensions que même les avions de Russie, à des milliers de kilomètres d'altitude, verraient notre accueil et transmettraient la bonne nouvelle à leurs communautés. Bon, j'exagère un tantinet.

Nous faisions du tapage, des parades. Juchés sur des estrades, nous débitions des discours. Nous avions sorti nos trompettes, nos plus beaux vêtements, nos souliers neufs, notre argenterie, nos brochures. Les adultes guidaient les enfants qui ne comprenaient pas mais suivaient. Les autres se laissaient prendre au jeu et finissaient par suivre. Dieu que nous étions heureux ce jour là !

Aujourd'hui, je souris de voir un tel bouillonnement chez ceux qui accueillent un nouveau maître. Je me garderais bien cependant de leur enlever cette belle excitation remplie de passion. Après toutes ces années, je connais mieux les hommes et je comprends leur facilité à sortir les rameaux le dimanche pour l'accueil et le vendredi, la croix pour le dernier jugement. Ils ne sont pas méchants, juste un peu violents.

En cette journée d'accueil, on ne pensait pas aux histoires de mort. On fêtait. Les promoteurs ne manquaient pas. Session d'information ici pour vous garantir une place de choix auprès de Monsieur Thée, pour la modique somme de trois fois nos moyens ; des séances de relaxation, de massage, de respiration en groupe, de transpiration et quoi encore ! Des gourous, des prêtres, des pseudo-thérapeutes, de beaux parleurs, tous se promenaient, ventant leurs propres mérites en oubliant de parler de Monsieur Thée.

Bon, c'était ainsi et c'était bien quand même, mais cela restait du « fla-fla » comme aurait dit ma mère. Monsieur Thée n'avait rien demandé de tout cela.

Il est arrivé un dimanche matin, juste un peu avant la messe de onze heures. Rien, absolument rien ne s'est déroulé comme prévu. C'est pour cela que nous avons failli manquer son arrivée.

Premièrement, nous l'attendions en Mercedes et il est arrivé en moto, pas une Harley Davidson, oh non, mais une petite Kawasaki ! Quel choc !

Pour ajouter à l'étonnement de cette arrivée si simple, son allure nous déconcerta. On attendait un vieillard à longue barbe blanche, cheveux d'argent, gestes doux, voix suave, descendant des nuages... Il avait plutôt l'air sorti d'une boîte à surprises ! Pas de barbe, des cheveux ébouriffés, très foncés, une voix basse engloutie par le vacarme des parades, l'air de quelqu'un qui ne sait pas où il est tombé.

Pire encore, il n'était pas accompagné. On s'attendait à ce qu'il arrive avec son promoteur. J'ai su plus tard que celui-ci était mort et de façon assez violente au cours d'une tournée en Israël.

Je ne voyais rien d'autre d'intéressant sur lui qu'un sac à dos, duquel tomba par inadvertance un cahier. J'ai détourné mon attention de la parade et j'ai ramassé le cahier.

Comme il marchait vers la bibliothèque où devait avoir lieu une petite réception, j'en ai profité pour mettre ces notes dans mon sac. Il n'y avait que quelques feuilles écrites sans précaution. Monsieur Thée était très occupé par le comité de réception. Je ne voyais donc pas de mal à prendre le texte pour satisfaire ma curiosité de lectrice. Je le lui remettrais un peu plus tard.

J'allai m'installer confortablement dans ma balançoire, chez moi, loin de la foule. C'est là que je me livrai à cette lecture indiscrète qui allait être l'amorce d'un voyage sans fin vers l'intérieur.

« Un arbre » – le livre parlait du fruit défendu, d'un arbre de connaissance. Voici le texte, à peu de chose près :

Atelier d'écriture – Exercice no. 13

Je vous demande de faire avec moi un petit voyage – je vous demande de fermer les yeux, tout le monde, allez ! Fermez les yeux. Voilà. Je vous ramène à vos racines, au plus vieil arbre du monde, l'arbre de la connaissance du bien et du mal, arbre que nos parents Adam et Ève ont vu de leurs yeux, touché de leurs mains. Arbre par lequel ils nous ont fait payer cher leur désobéissance, du moins le croyons-nous…

Revenons en arrière. Retrouvons-nous dans ce lieu sacré, lieu du premier arbre du monde, plein de pommes et de branches. Vous voilà devant l'arbre. Maintenant, Messieurs vous êtes Adam, Mesdames vous êtes Ève.

Là, il y a Dieu, ce personnage que personne encore n'a pu jouer sans mettre les pieds dans les plats.

Ce Dieu, rôde autour de vous, il vous pénètre et vous envoûte. Et il vous dit : « Attention mes dociles enfants, vous pouvez vous reposer, manger, marcher, vous aimer, vous pouvez faire tout ce qui vous plaît dans la vie. La seule chose que je vous demande, c'est de ne pas goûter au fruit de cet arbre. Vous n'y avez pas droit. Vaquez à vos occupations, amusez-vous, jouissez de la vie, mais ... oubliez cet arbre ».

À ce moment, le charmant serpent arrive, tentateur espiègle et joyeux. « Je vous dis Mesdames et Messieurs que le fruit de cet arbre est tout à fait succulent. L'arbre en tant que tel s'appelle " l'arbre de la réflexion ". Ses racines, ce sont des mots, mots appris, parlés, lus, répétés. Ces mots montent dans le tronc, font des phrases, des paragraphes, des idées, quelle base solide ! Cela continue dans les branches, une idée vaut mille mots, mille mots nous excitent et, amènent encore et encore des phrases, des virgules, des bourgeons en point d'exclamation. Et là, il y a des feuilles, feuilles de papier pour tout accueillir et enfin, au bout de tout, la pomme est là, la fameuse pomme, ce fruit délicieux.

La pomme, c'est la découverte de l'état de grâce qui habite celui qui écrit ses réflexions. Allez, mangez, goûtez. Toi Ève, prends une bouchée, rien qu'une. Voilà qui est bien. »

Dieu sort, fait semblant d'être fâché de cette désobéissance. Au fond de lui, c'est un jour de joie. Enfin, ses enfants deviennent autonomes et assez matures pour aller puiser en eux le Royaume. Ce n'était pas à lui, en tant que parent, de rendre ses enfants libres. Ils devaient le faire par eux-mêmes pour montrer la preuve de leur maturité. C'était fait.

Maintenant, ouvrez les yeux et sachez jouir de cette richesse qu'est l'écriture. Vous ferez des voyages extraordinaires. Le Jardin d'Éden est en vous. Le Royaume des Cieux est en vous. L'arbre de la réflexion vous fera déambuler dans la connaissance du bien et du mal, parce que c'est notre Réalité, notre Vérité.

Ne croyez plus aux histoires farfelues de punition, de méchant serpent, de fruits défendus. Croyez en la création. Allez en paix et méditez, créez, écrivez.

Ainsi, mon premier contact avec Monsieur Thée était cette histoire de pomme. « Vous les reconnaîtrez à leurs fruits ».

Je ne savais pas qu'un jour, j'écrirais une version tout à fait différente de cette même histoire.

Cette lecture m'amenait loin des déploiements exhibés pour son arrivée. Je me sentais bien plus attirée par ces paroles que par les banderoles et les manifestations dans les rues.

J'éprouvais un terrible creux, comme si mon propre livre de vie était désert, vide de sens. Un clip ici « première journée d'école », un clip là « première communion », un autre « premier et dernier amoureux », « photos d'enfants », « décès ». Et après ? J'avais faim d'autre chose mais, à l'époque, il ne fallait surtout pas me demander de quoi. Ce néant, je l'appelais tristesse.

J'ai failli pleurer, là, devant ce gâchis qu'avait été ma vie jusqu'ici. Les mots de Monsieur Thée commençaient déjà à faire effet... et il n'avait encore rien dit.

J'ai attendu que la parade se termine, que les fêtards cessent de fêter, que les gueulards cessent de gueuler, que les couche-tard aillent se coucher. L'obscurité enveloppait la ville quand j'y suis retournée.

Lorsque je suis arrivée en face de la bibliothèque, il sirotait son dernier café et se préparait à prendre possession de son nouveau domicile.

On lui avait préparé une chambre libre au monastère du coin, près de la petite chapelle qui donnait sur une rue éloignée de la circulation. Ce monastère était un lieu tranquille où les prêtres venaient finir leurs jours dignement, où ils trouvaient le repos mérité et les soins appropriés. On s'occupait d'eux comme des enfants.

Monsieur Thée pouvait y avoir sa chambre et ses repas, préparés par le cuisinier. Il avait aussi à sa disposition une petite salle où il pouvait lire, recevoir des invités, se nourrir, faire un jeu de patience.

Quand je suis arrivée, il ramassait son livre et se préparait à partir vers le monastère. Tout était calme. Il était seul. Fini le bain de foule et le bruit. Je lui offris de l'accompagner jusqu'à sa nouvelle demeure et il accepta. Le parcours n'était pas long. J'eus juste le temps de me présenter et de dire : « Bonjour, je suis Marthe, je travaille comme secrétaire pour la ville. Bien sûr, j'ai lu tous vos livres »… que nous étions déjà arrivés au monastère.

« Sois la bienvenue en tout temps mon amie » me dit-il. « Je n'aime pas les foules, mais j'aime les humains. Assieds-toi. Prendrais-tu un thé et des biscuits ? »

Et c'est comme ça, tout simplement, autour d'une table, dans la cuisine du monastère, que les leçons de Monsieur Thée ont débuté. Il a commencé à me nourrir de son thé, de ses biscuits, de ses paroles. Il m'avait appelée « mon amie ». Ça, je ne le croyais pas. Je me sentais comme une fourmi à qui un lion offrait son amitié. J'en avais le souffle coupé. Il m'impressionnait !

– Monsieur Thésaratopoulos, je vous rapporte ces feuilles qui vous appartiennent. Elles sont tombées de votre sac et j'étais incapable de vous les remettre sans les avoir lues. Je vous prie d'excuser mon indiscrétion.

– Tu as aimé ?

– Oui...

– Oui, mais ?

– Oui, mais j'éprouve un sentiment de malaise.

– Désagréable ou dérangeant ?

– Dérangeant Monsieur.

– Alors, tu es sur une bonne voie.

– Expliquez-vous s.v.p. Monsieur Thésaratopoulos.

Tels furent les seuls mots d'introduction à une relation extraordinaire, riche et vraie. Pas besoin de date de naissance, de détails sur sa vie, de références. Besoin de liens, de relations, de partage.

Nous avons parlé presque toute la nuit. À la fin, j'osai lui demander si je pouvais l'appeler Monsieur Théos, puis Monsieur Thée.

Il m'a invitée à venir le visiter tous les samedis matin si j'en avais envie. Il pourrait, si je le désirais, m'initier à la créativité par son atelier d'écriture. On débuterait dès septembre, le premier samedi du mois. J'étais naturellement emballée par l'idée, toute excitée par ce quelque chose de nouveau dans ma vie.

J'ai dit oui, comme on dit oui le matin de ses noces, le cœur plein de passion, sans savoir dans quel bateau on s'embarque. C'était le plus beau moment de ma vie. Cet homme de renommée mondiale, ce créateur d'univers par les mots, ce professeur de l'âme, voulait m'enseigner. Je serais sa seule et unique élève.

À ce moment précis, je ne savais pas encore qu'il m'apprendrait qu'avec un cahier et un crayon la vie surgit, que l'essentiel ne coûte rien, que tout est à notre portée, pour peu qu'on ouvre les yeux. J'ignorais aussi que, pendant des mois et des mois, Monsieur Thée m'accueillerait chez lui, dans « son » monastère, tous les samedis. Il m'a appris la Vie, me permettant de trouver en moi tous les enseignements nécessaires pour aller au ciel dès maintenant et de créer par les mots des univers de paix. Parfois, je me demandais si ce n'était pas l'Homme cloué sur la croix dans l'église qui descendait tous les samedis juste pour moi.

L e matin du premier samedi de septembre, j'étais fidèle au rendez-vous.

Monsieur Thée me donna un puzzle… de quatre morceaux. Quatre morceaux me direz-vous ce n'est rien, mais attendez de savoir quels morceaux ! « Miracles » « chemin » « feu » « question » !

Il fallait les faire entrer les uns dans les autres pour donner une seule image d'ensemble. C'est cela le monde me dit-il, le vrai monde. C'est un immense jeu de patience de mille milliards de morceaux. Nous en sommes tous responsables. Les joueurs ont des parties différentes à assembler pour en faire un tout cohérent. Certains ont des morceaux verts pour le gazon, d'autres des bleus pour le ciel, des noirs pour l'enfer, des roses pour voir la vie. Le problème est que chacun a la certitude de détenir la bonne couleur au détriment de son voisin. Au lieu de commencer ce jeu universel ici même, ensemble, avec chacun nos parties différentes, on crée des guerres de couleur et de religion.

« Il te faut donc, me dit-il, le commencer toute seule. Retire-toi dans ta chambre. Exerce-toi à faire des images en collant quelques morceaux. Un jour, je ferai de toi une rassembleuse d'hommes. C'est cela que je veux de toi. Toi et moi, nous leur apprendrons à travailler ensemble, à mettre des morceaux d'idées en place, en harmonie, ici même dans cette ville. En attendant qu'ils aient ce désir, tu peux t'entraîner avec moi. »

Je suis partie avec mes morceaux. Quel casse-tête, quel casse-pieds ce Monsieur Thée ! Quel casse-gueule que cette voie de recherche ! J'aurais pu être sur le bord de l'eau à me faire bronzer, mais voilà que mille et une questions surgissaient en moi. Qu'est-ce qui me poussait à écouter cet homme ? Qu'est-ce que je cherchais ainsi ? Pourquoi tant me compliquer la vie alors que j'aurais pu penser soleil, nourriture, plaisir, fêtes ? Qu'est-ce qui se passait en moi pour susciter une telle curiosité mais aussi une telle confusion ? Je n'arrivais pas à mettre le doigt sur ce qui causait un pareil branle-bas dans ma tête.

Je sentais en moi comme un feu sacré, mais sans connaître l'objet de ma passion. Oui, c'était cela ! J'étais passionnée, mais j'ignorais l'objet de mes désirs, c'était insensé !

Je me sentais bien seule à faire le guet pour quelque chose que je ne saisissais pas. Je me surprenais parfois à envier mes voisins qui profitaient confortablement de leurs jardins, de leurs salons, de leurs boutiques, de leurs enfants. Je savais pourtant que ce confort n'était pas pour moi. J'attendais un miracle, une espèce de prodige où un Dieu m'apparaîtrait, sur un nuage blanc de préférence – je n'aime pas le gris. Il me donnerait une méthode pour me convertir en ange, là, sur le perron de ma galerie, devant tout mon voisinage qui crierait : « Elle est métamorphosée ! Alléluia ! » Je vivrais ensuite dans l'état de grâce tous les jours qu'il me resterait sur cette terre et je ferais de grands miracles.

C'est là que j'ai mis mes morceaux de puzzle en place. J'avais le FEU sacré pour Monsieur Thée. Lui et tout son monde me passionnaient. Le CHEMIN à suivre, c'était son enseignement donné chaque jour de mille et une manières. La façon n'avait pas d'importance. Mes QUESTIONS se résumaient à une seule : arriverais-je à écouter vraiment ce qu'il avait à me dire et à mettre ainsi de l'ordre dans mon capharnaüm mental ?

Le morceau des MIRACLES était de trop, une erreur dans la boîte. Ma victoire consistait à me laisser guider par Monsieur Thée, à conserver ce feu sacré qui m'animait, ce désir si puissant d'avancer vers autre chose que les jeux de cette terre. Il n'y avait aucun miracle dans ce réveil, c'était une question de bonne volonté.

Lorsque je rapportai mon jeu à trois morceaux à Monsieur Thée, il sourit. C'était un encouragement.

J'ai peut-être l'air un peu bête comme ça, mais cette histoire de mettre une croix sur l'intervention divine pour me réveiller fut un vrai choc culturel. J'imaginais la scène : une sorte de Dieu envoyant un éclair droit au cœur de son bienheureux élu (moi en l'occurrence) en lui disant « abracadabra, réveille-toi ! ». Le tour était joué.

Aux autres, à tous ceux qui souffraient tant autour de moi, il fallait dire « attendez votre tour, endurez vos maux jusqu'à ce que ce même Dieu se lève du bon pied et finisse par vous éclairer. En attendant, dormez ».

Plus j'y pensais, plus mon idée de miracle n'avait pas de sens. J'avais l'image de ces gens qui achètent des tonnes de billets de loterie, espérant ramasser le gros lot. Eux aussi attendaient le miracle, le fameux vendredi soir où leur numéro sortirait gagnant. Fallait-il faire de même avec Celui qui réveille les âmes ? Fallait-il simplement attendre d'avoir le bon numéro, comme à la loterie ? Alors seuls les chanceux avaient droit à l'éveil ?

Monsieur Thée m'a alors fait réfléchir en me disant que s'il n'y avait pas de miracle dans ce domaine, c'était justement par principe de justice. « Marthe, personne n'est omis du grand Plan. Tous ont un travail à accomplir, un bout ce jeu de patience à compléter. Chacun de nous peut dire "oui" ou "non" à l'offre d'emploi. Vouloir s'éveiller à un monde nouveau est un choix. Il s'agit d'y mettre de la bonne volonté et des efforts plutôt que de compter sur "quelqu'un" qui le ferait à notre place. »

« La paresse est mère de tous les vices », a rajouté Monsieur Thée et c'était là, selon sa version, que la partie se gâtait.

« Si j'étais Le Grand Maître de l'Univers Marthe, voici comment je m'adresserais à mes enfants chéris que j'aime tant :

Mes chers enfants, mes bien-aimés petits, aimeriez-vous connaître ma volonté en quelques mots ? Vous qui récitez le Notre Père en marmonnant "... que ta volonté soit faite sur la terre comme au ciel...", vous êtes-vous déjà demandé ce qu'était cette volonté ?

Ma volonté est que vous passiez au mode action ! Lâchez votre air piteux, votre attitude de martyre, prenez vos grabats et avancez ! Ouste !

Vous êtes experts en démolition avec vos pensées corrompues par l'orgueil et vous me blâmez ensuite des résultats de vos dégâts. Vous créez vous-mêmes vos famines, votre violence, votre refus à regarder, ne serait-ce qu'une seconde, la souffrance de votre voisin.

Ma volonté est que vous alliez vous-mêmes nettoyer les dommages causés par vos propres bêtises.

Ma volonté est que vous appreniez à être heureux DANS ce monde et vous ne le voulez pas.

Ma volonté est que vous vous transformiez en guerriers de l'esprit – fiers, forts et fidèles dans les épreuves et vous ne le désirez pas.

En tant que Créateur je prie moi aussi. Aujourd'hui, c'est vous que je prie, je vous prie de cesser de dire que tout est de ma faute. Je vous prie d'assumer vos responsabilités et de passer à l'action. »

J'en avais le souffle coupé, la bouche ouverte prête à avaler n'importe quelle mouche qui aurait pu passer par là. Lui semblait fier et surtout plein d'énergie parce qu'il venait enfin de trouver quelqu'un avec qui partager son idée. Il m'a lancé : « Aimes-tu ce discours Marthe ? » Comme s'il venait de lire un poème !

Il n'avait pas mâché ses mots ! Il n'y était pas allé avec le dos de la cuillère. J'aimais bien cet exposé qui me sortait des contes à l'eau de rose.

J'avais le sentiment que je devais dorénavant participer plus activement à mon évolution. Je savais que toute l'onctuosité des livres bien écrits, des amis qui partagent notre misère, des discours de consolation, tout cela ne rimait à rien, n'apportait aucune solution. Je le savais parce que je l'avais expérimenté. La fausse compassion avait été un ennemi parce qu'elle n'apportait pas l'action nécessaire qui consistait à se former soi-même. J'avais envie de passer à autre chose.

« Maintenant Marthe, les contes de fées ne sont pas la réalité. L'histoire de Cendrillon n'est pas vraie. Le Créateur de notre univers n'est pas une magicienne qui te change en princesse à dix-neuf heures pour te remettre en haillons à vingt-quatre heures. Tu es assez grande pour t'habiller et te maquiller toute seule. Ce qu'Il veut de toi, c'est que tu deviennes autonome et que tu passes à la grande réalisation de ta vie : te créer toi-même. Il a placé en toi, comme en chacun de nous, tout ce qui est nécessaire pour atteindre la perfection.

La Réalité est en toi. N'attends pas un coup de baguette magique pour te réveiller, passe toi-même à l'action. Aucun voleur n'a les outils pour percer ton coffre et dérober ton trésor. C'est dans cette énergie extraordinaire que je voudrais te faire puiser par l'écriture. C'est là que je veux t'amener. N'oublie pas ceci : Là où est ton trésor, là aussi sera ton cœur ».

Monsieur Thée voulait m'apprendre à aller
puiser dans la Vie. Celle-ci était, selon son expression, « le
cœur de l'oignon ». Il y avait en nous, disait-il, un gros oignon
dont le cœur était une Présence parfaite placée là, dès l'origine,
en chacun de nous, par le Créateur. Par-dessus ce cœur, il y
avait des pelures à n'en plus finir, faites de pensées de peur, de
souffrance, de carence, de blessures, de désir de revanche, de
justification. Il ne s'était jamais occupé de compter le nombre
de pelures qu'un oignon pouvait accumuler.

« Ce que je veux pour toi, Marthe, c'est que tu arrives au
cœur de ton oignon, dans la vraie Vie, la Vérité libérée de ces
couches de pelures qui te font tant pleurer et t'empêchent de
vivre heureuse. »

Sa méthode de travail était simple : il s'agissait de prendre
un papier et un crayon puis d'écrire sur un sujet à réflexion,
sans se soucier ni d'orthographe, ni de grammaire, ni de style.
L'important était de laisser aller la main et le crayon sur le
papier, laissant la tête à l'arrière plan. La logique n'avait aucune
place dans cet exercice. « La main déborde de générosité et si
tu la laisses aller, elle te mènera directement à ton cœur. C'est
là qu'on veut parvenir ». Il fallait écrire jusqu'à ce que la vie
surgisse, en enlevant une par une les pelures pour aller au cœur
de l'Énergie originelle. Il me fallait essayer.

L'écriture serait le grand rassembleur des lectures, des
enseignements, des maîtres, des sermons, de tout ce qui pouvait
semer en moi quelque chose de beau, de vrai et de bon. Elle
rassemblerait les morceaux éparpillés pour en faire un
ensemble cohérent et parfait.

Je suis alors restée figée sur place devant une telle
simplicité. J'avais envie de lui demander « et après ? ». Je ne
l'ai pas fait parce que j'avais trop de respect pour lui.

« Marthe, je t'entends penser, tu détestes la simplicité. Si c'est simple, ça ne compte pas, bien entendu. Pour toi, l'intérêt et l'efficacité d'une recherche spirituelle résident dans sa complexité. Un livre de deux mille pages à apprendre par cœur, une méditation tête en bas, des thérapies compliquées d'analyse et de revirement émotionnel, et j'en passe. Il te faut compliquer les choses pour qu'elles te paraissent intéressantes.

Ou encore, tu recherches une méthode qui te donnerait un contact surnaturel avec un au-delà mystique. Tu veux parler aux morts parce que les vivants t'énervent. Tu veux communiquer avec les esprits parce que les conversations des hommes sont trop monotones. Tu cherches ce quelque chose de plus que les autres autour de toi n'ont pas. Tu veux être une élue, tu veux te distinguer. Pour qui fais-tu cela ? Pourquoi cours-tu de la sorte dans le but de te distinguer ?

Je vais te le dire mon enfant. C'est parce que tu as peur de perdre La Grande Présence. Entre la méditation écrite, l'église, les livres sacrés, les maîtres, l'ésotérisme, les missions contemplatives, tu te promènes avec toujours en toi cette angoisse de ne pas être au bon endroit pour le trouver. Te sens-tu un peu étourdie ?

Tu as peur Marthe, tu trembles de peur de perdre Celui que tu cherches avec tant d'ardeur. C'est cela qui te fait courir comme une poule sans tête, te fait chercher partout sans jamais arrêter parce que tu as peur de manquer le cortège.

Et si cette Grande Présence était non pas dans une des méthodes que tu as énumérées, mais partout et tout particulièrement en toi ?

Si la Présence était dans ton lever du matin, dans ton repas du midi, dans tes confrères de travail, dans le voisin en dépression, dans la mort de quelqu'un de cher, dans les érables en face de la fenêtre où tu écris ? Si Elle était simplement dans la Vie, dans l'homme en face de toi, là, présentement, que ce soit le caissier de l'épicerie ou le Pape ? Si Elle était dans l'événement pénible que tu vis, te demandant d'y puiser une leçon importante ? Si Elle était dans le travail bénévole offert à la bibliothèque pour permettre aux gens de lire ? Si cette Présence était dans ce patron difficile qui t'apprend la tolérance ?

Marthe si La Grande Présence était partout, qu'en dirais-tu ? Ce serait peut-être plus intéressant que de La faire venir dans une méthode quelconque de transformation entre cinq heures et six heures le matin pour ensuite fermer le circuit pour le reste de la journée. Qu'en penses-tu ? »

Ce qu'il me disait, je l'avais appris dans mon petit catéchisme à couverture grise, en cinquième année. Au tout début du livre, une des premières questions était encrée à vie en noir sur la page blanche : « Où est Dieu ? Dieu est partout ».

Je me souviens de cette période. Je croyais tellement en cette simple phrase ! J'en étais venue à supplier Dieu de ne pas regarder lorsque j'étais à la salle de bains, de ne pas écouter quand je me querellais avec mes amies. Je L'amenais partout avec moi, à l'église le matin, à l'école, à la maison pour le dîner. Je Lui installais une chaise invisible en classe pour qu'Il puisse m'accompagner. Quand Sœur Marguerite s'énervait et sortait sa grosse voix et sa règle pour nous taper sur les doigts, je Lui disais de ne pas avoir peur, j'étais là et je Le protégeais. À l'époque, j'avais onze ans et je savais déjà avec certitude que la Présence était en tout, partout et surtout en moi. Les choses se sont embrouillées et je me suis mise à la recherche du compliqué.

Tout à coup, je m'ennuyais de cette innocence, de cette simplicité.

Jusqu'à ce jour, j'avais cherché à m'élever, alors que je n'étais même pas capable de mener simplement ma vie quotidienne. Le voyage avait été épuisant, mais je revenais enfin chez moi, sachant que l'Essentiel était à la portée de mes cinq sens, en tout temps, partout, en toute circonstance. C'est cela que je devais apprendre à trouver en toute simplicité.

La Vie existait certainement ailleurs, mais elle était également ici et il ne fallait pas l'oublier. C'était ici même, dans le moment présent, que je devais apprendre à La trouver. Par l'écriture, Monsieur Thée voulait m'enseigner à m'arrêter sur les milliers de milliards de sujets dans ma vie quotidienne qui m'apprendraient à rejoindre l'Essentiel que je portais en moi. Dans cette réflexion se logeait la Vie.

L'écriture me servirait de miroir captant les réflexions de la lumière. J'avais besoin d'écrire comme on a besoin d'oxygène. Je ne voulais pas mourir étouffée.

Samedi, 10 septembre – le mot « oui »

Il m'avait donné à travailler un seul mot de trois petites lettres : O U I – trois voyelles simples : l'une ronde, un cercle sans fin nous montrant à quel point l'on peut tourner en rond, l'autre aux deux extrémités tournées vers l'univers pour s'ouvrir au monde entier et enfin, la troisième, debout, ferme, droite comme un soldat prêt à tout.

Jamais je n'aurais pu imaginer qu'un voyage aussi fatigant serait occasionné par un si petit mot ! Les instructions de Monsieur Thée débordaient de simplicité, mais la théorie et la pratique sont aussi différentes l'une de l'autre que la lecture d'un livre sur les marathons et l'entraînement pour devenir marathonien. Il me fallait des heures et des heures de pratique, d'entraînement, d'exercices préparatoires. Il me fallait me discipliner et surtout ne pas me décourager.

Il n'y avait pas de recette miracle. Je devais apprendre par l'expérience. On pouvait passer sa vie entière à étudier des théories ou à les inventer. Les bibliothèques débordaient de livres sur les théories, les cerveaux des génies affichaient « complet » tellement ils étaient bourrés de thèses. Les prédicateurs, quant à eux, se faisaient un plaisir fou de nous embaumer vivants par leurs belles conceptions, nous laissant figés sur place à cause de leurs paroles destinées à nous conserver dans l'inaction : nouveau formol à la mode. Pourtant, nous vivons dans un monde d'expérience, de pratique et d'action… Il ne fallait pas demeurer des sujets inertes bougeant seulement les lèvres en murmurant des « Oh ! Que c'est beau ce qu'il écrit » ou « Oh ! Que c'est bon ce qu'il dit. » ou encore « Oh ! C'est tellement vrai ». Il fallait passer au verbe, à l'action !

Si Monsieur Thée voulait m'enseigner à utiliser l'écriture pour puiser en moi l'esprit et la vie contenus dans ma pensée première, il me fallait m'entraîner sans ménagement. Il me fallait être prête à écrire toutes les sottises nécessaires pour défricher le terrain. Si je voulais un jardin fructueux, je devais enlever les mauvaises herbes, les cailloux, l'herbe à poux, de mon terrain. J'étais dans l'obligation de racler, préparer la terre et mettre de l'engrais. Le grain de sénevé devait être semé sur une terre préparée à devenir aussi lisse que la table du salon polie à la cire d'abeille.

Le grain de la sagesse ne s'installerait qu'une fois mon terrain intérieur soigné, jusqu'à ce que mes mains saignent des crevasses du travail d'écrire, jusqu'à ce que mon corps s'épuise de la chaleur causée par l'énergie dérangeante des prises de conscience.

Vous pensez peut-être que j'exagère. C'est parce que vous n'avez pas fait l'expérience d'écrire jusqu'à ce que la moindre cellule microscopique du corps soit là sur la table, mise à nu.

C'est ce qui s'était passé cette semaine-là. J'avais dénudé mes cellules connectées au mot oui. J'avais fait le voyage intérieur vers le oui qui circule dans mes viscères.

Le *« oui »* de la douceur

Au début du voyage, le mot oui me semblait on ne peut plus simple. Je pouvais dire oui à la vie, à ses beautés, à la nature superbe. Je voulais regarder la splendeur du monde avec l'œil de celui qui a le sourire intérieur, la douceur de l'ange et la paix de l'esprit, celui qui connaît l'Éveil. Je disais oui au travail passionnant de la recherche dans le monde intérieur, à la méthode de Monsieur Thée. J'harmonisais la nature extérieure à celle qui m'habitait au plus profond de mon être. Je flottais littéralement.

Je disais oui à toute la gloire de l'univers que je voyais dans cette simple chenille qui se transformait en papillon, vêtu des mêmes couleurs que l'arc-en-ciel, oui à l'harmonie de ce monde qui m'épatait. Je pensais à cette somptueuse création que nous avons sous les yeux chaque jour et je ne savais plus qui je devais remercier.

Je venais de voir le oui douillet, celui de la façade, un oui diablement populaire pour tout ce qu'il peut apporter de confort, de satisfaction personnelle, de paix et de bien-être. Facile celui-là ! Pourtant j'avais l'impression d'avoir fait un travail extraordinaire. Je voyais le positivisme comme le secret du bonheur : oui à l'amour, oui à la paix, oui à l'air pur. Jusqu'à ce que je réalise en écrivant des tonnes de mots que je venais juste d'effleurer le sujet. Je restais en surface, avec un oui flottant dans de l'eau de rose.

Le « *oui* » de la réalité

Il me fallait continuer car vivre ainsi dans le superficiel n'était pas mon genre. Flotter dans l'éther qui engourdissait l'esprit au point de croire que la vie était aussi enchanteresse qu'un regard posé sur le petit papillon qui virevoltait au-dessus des fleurettes de mon jardin, c'était un état temporaire.

Alors... je devais continuer à activer la main qui dirige le crayon, qui tache le papier. Il me fallait aller plus loin. C'est là que ce processus est devenu un peu plus compliqué. Je me suis mise à penser que je devrais peut-être ouvrir les horizons de mon « oui douillet », mon oui de paix, d'amour, de partage, de petit papillon. Je ne pouvais pas en rester là. Il fallait aller plus loin et je le sentais dans ma main qui commençait à trembler un tout petit peu en écrivant. Je ne voulais pas aller où elle voulait m'amener.

Elle voulait que j'examine d'un œil nouveau la réalité qui m'entourait. En regardant un papillon, je devais prendre conscience qu'il avait été chenille rampante avant d'être aussi noble et qu'il avait perdu son petit, écrasé par une fillette qui sautait à la corde. C'était cela aussi la réalité.

Ma main tremblante me conduisait toujours vers mon œil, elle me forçait presque. Je ne voulais pas. Elle voulait que j'enlève la grosse poutre aveuglante, qui m'empêchait de voir mon voisin et surtout sa souffrance. De quoi était constituée cette poutre ?

On ne sort pas des madriers tout bonnement, comme ça, pour rien dans la vie : en général c'est parce qu'on a un plan de construction. J'avais voulu bâtir quelque chose moi aussi. J'avais voulu édifier une fraternité avec les gens de ma ville, leur enseigner les vraies choses de la vie. C'était mon rêve de départ, quelques années plus tôt. J'avais tellement imaginé de former un groupe d'hommes capables de s'entraider, de s'aimer, de travailler ensemble, de vivre ici-même sur cette terre un idéal de fraternité.

Je voulais construire une cathédrale humaine dans ma propre ville, sur mon terrain, avec les gens présents dans ma vie. Certaines personnes pensent souvent à une maison de rêve. Moi mon imagination édifiait une cathédrale humaine, rien de moins. J'avais sorti ma première poutre, grosse comme mon désir de bien faire pour servir de base à cette construction. Que s'était-il donc passé pour que je démissionne en cours de route ?

J'avais voulu trouver des menuisiers pour bâtir la charpente solide de l'amitié, des maçons pour cimenter les liens qui nous uniraient, des spécialistes en fenêtres pour nous aider à voir clair. J'avais travaillé jusqu'à épuisement. J'avais fini par ranger mes outils. C'était mon rêve et je l'avais abandonné. Depuis le début de mon cheminement, j'avais voulu une fraternité. Épuisée, à bout de souffle, je m'étais repliée sur moi-même, dans ma solitude.

C'était comme si en voulant dresser un monument, j'avais fini, abattue, par fabriquer une cabane à moineau pour aller m'y cacher ! Je l'avais dans l'œil mon billot pour ne plus voir mes frères avec qui j'avais voulu m'associer, ni la réalité de leurs chagrins. Je m'étais découragée et maintenant, j'étais trop occupée à me soigner dans cette minuscule maison d'oiseau. Comment, Seigneur, guérir cette amère déception ?

Je ne savais pas comment revenir à mon rêve. Je ne voulais plus construire une cabane à moineau. Je ne voulais plus me cacher. Je voulais voir le « oui de la réalité », enlever la fichue poutre de mon œil qui me cachait la souffrance des autres. Je croyais toujours en mon rêve, mais j'avais laissé le découragement gagner la partie.

Tel que convenu, je suis arrivée chez Monsieur Thée le samedi matin, vers neuf heures, mon travail sous le bras. Il me regarda droit dans les yeux et me demanda : « Que se passe-t-il Marthe, tu sembles bouleversée ? ».

J'étalai mes feuilles et mis mon cœur sur la table. C'était mon médecin et je lui demandais de me soigner. Mes artères étaient bloquées.

Il m'amena à la cuisine. Le thé et les biscuits étaient prêts, comme s'il savait avant même mon arrivée qu'il y avait crise en ma demeure et que j'avais besoin de réconfort. Comment pouvait-il deviner ?

« Marthe, chaque génération croit inventer le monde. Pourtant c'est toujours le même scénario, la même pièce de théâtre, les mêmes personnages, les mêmes sentiments mis à nu sur la scène, les mêmes pleurs. »

Il me parla longuement des difficultés qui jalonnaient la route vers l'Intérieur. À la fin, il me donna un autre mot à travailler pendant la semaine : le mot « erreur ».

Chercher « l'erreur »

Comme dans une image de Charlie, il me fallait trouver ce qui clochait, trouver l'erreur.

Je suis alors repartie en voyage, cette fois-ci vers « l'erreur ». J'ai remonté le temps à l'aide d'une machine qui s'appelle « l'imagination ». Je suis revenue à mes racines, à l'arbre le plus vieux du monde : l'arbre de la connaissance du bien et du mal, l'arbre que nos parents Adam et Ève avaient vu de leurs yeux, touché de leurs mains. Je suis revenue en arrière, dans ce lieu sacré. J'étais devant l'arbre ! Fascinant comme un seul mot peut nous amener loin !

C'est ici que je trouvai à cette histoire une interprétation tout à fait différence de l'exercice numéro 13 de l'atelier de Monsieur Thée. Cette lecture qui m'avait menée à Monsieur Thée devenait pour moi une toute nouvelle source d'inspiration. Je devenais assez audacieuse pour tenter un voyage tout à fait différent du sien. (Plus tard, Monsieur Thée me félicita de cette bravoure.) L'œuvre de la création commençait à porter ses fruits en moi.

Dans mon histoire, il y avait là ...

mes ancêtres et aussi le serpent. Ce dernier rôdait autour, il les pénétrait, les envoûtait. Il leur parlait de cette injonction sordide du créateur de ne pas toucher l'arbre. Il était là, tentateur, espiègle, sournois, qui défiait les interdictions.

L'offre était alléchante pour le couple, en un tournemain, par la magie de la pomme de l'arbre, ils pourraient devenir des génies pouvant défier les lois de l'univers, capables de narguer le Créateur lui-même par leur connaissance sacrée de ce qui est bien et ce qui est mal.

En mangeant ce fruit, ils pensaient devenir les juges de la création par leur savoir infini. Ils seraient les interprètes de la vérité. Ils pourraient ensuite parcourir le monde en tant que savants universels détenant la vérité sur tout, y compris sur la conception de l'Univers et du Créateur lui-même. Le Créateur ne voulait pas perdre sa place de roi, d'où l'interdiction. Avec la pomme, eux aussi deviendraient les détenteurs de la vérité et pourraient ainsi conquérir le monde !

Leur appétit pour le contrôle de la vérité et leur soif de pouvoir sur les autres avaient conduit Ève et son mari moutonnier à manger la pomme. Ils voulaient devenirs les seuls et uniques enseignants des hommes.

Le serpent avait désiré défier la loi du Créateur qui consistait à laisser la liberté de penser à l'homme. Dans sa grande bonté, le Créateur ne voulait pas que la vérité soit imposée à ses enfants. Il voulait qu'elle émerge d'eux, qu'ils apprennent par eux-mêmes, par leurs propres expériences, à discerner le bien du mal, à chercher la vérité, leur propre vérité, celle qui collait avec leur morceau du puzzle.

Le serpent avait volé à ces deux êtres la faculté de choisir en leur donnant un arbre de connaissance toute faite, un arbre où la vérité était déjà cultivée, où elle poussait, prête à être mangée. Ève et son compagnon avaient été conquis par cette offre de pouvoir et de prestige offerte sur un plateau d'argent.

Quelle erreur! Quelle sombre histoire ! Ève et Adam avaient mordu à l'hameçon parce qu'eux aussi voulaient à leur tour détenir la vérité et empêcher les hommes de trouver celle qui les habite. Et cette sale affaire s'était perpétuée de génération en génération. Les églises, les religions, les sectes, les rituels... tous voulaient enseigner « la » meilleure méthode, tous se faisaient une guerre de territoire pour avoir le contrôle absolu sur la vérité, pour détenir la pomme qui donnait autorité sur les autres. Les hommes avaient inventé des livres pour y sceller leurs dogmes, pour envelopper « leur » vérité dans du papier qu'on avait à peine le droit de toucher. Autant de méthodes, autant d'hommes cherchant à contrôler la pensée de leurs frères.

C'était là le plus grand péché du monde : vouloir contrôler la pensée de nos frères.

Je suis revenue à ma propre histoire, celle de la cathédrale que j'avais voulu construire. J'avais voulu enseigner aux hommes ma propre interprétation du vrai, du beau, du bon. J'avais voulu les nourrir de nourriture prédigérée. J'étais convaincue que ma bouillie était celle qu'il leur fallait. Je m'étais incarnée en serpent qui offre à ses élèves de leur donner la vérité, toute la vérité, rien que la vérité. Je voulais faire pour eux le travail que le Créateur lui-même avait donné à chacun.

Ils n'avaient qu'à m'écouter, à suivre mes instructions, à prendre la vérité que je leur offrais sur un plateau et le tour était joué. J'avais voulu être leur professeur. J'avais voulu être le maître architecte de la cathédrale, pour leur bien, évidemment. Je n'avais pas demandé aux gens de ma ville un partage, au contraire. J'avais voulu imposer ma méthode, ma pensée, mon interprétation. J'avais voulu former une fraternité avec MA conception de la vérité.

Alors j'avais réuni des gens de ma ville pour former une fraternité d'entraide et d'amour. Comme ils n'avaient pas accepté de se plier à MON interprétation des écrits, à MES idées sur le service, l'amour et l'harmonie, j'avais conclu qu'ils ne méritaient plus mon aide – ou plutôt, ils avaient eux-mêmes jugé bon de ne plus retenir mes services.

C'est à ce moment que j'avais décidé de revenir à ma cabane pour m'y cacher et que j'avais installé ma grosse poutre devant l'entrée pour m'empêcher de jeter un regard sur la souffrance des autres.

J'avais cru savoir ce qui était vrai et ce qui ne l'était pas. Puis j'avais voulu me faire maître, enseignant la vérité aux hommes au lieu de les laisser trouver en eux leur propre voie. Je leur fournissais les plans d'une cathédrale au lieu de les diriger vers la petite chapelle en eux. J'avais voulu leur enseigner la vérité par mon savoir, fournir aux hommes une pomme de connaissance du bien et du mal sans qu'ils fournissent les efforts de cultiver leur propre pommier. Voilà mon erreur. Au lieu de la corriger, je m'étais cachée, de la même manière que j'avais fui ma mère il y a plusieurs années en m'enfermant dans la cave pour lire au lieu de la soigner.

J'avais goûté à ce désir de mener les choses à ma manière, à cette pensée d'être celle qui ferait mieux que le Créateur lui-même. Je ne laisserais certainement pas les hommes souffrir, pleurer, se tuer, vivre la dépression. Je ne leur laisserais pas leur liberté, je les obligerais à être heureux grâce à la vérité que je leur ferais découvrir. Voilà la belle entreprise que j'avais voulu ériger. Qui étais-je pour me placer en juge et en interprète des lois d'un univers dont je ne connaissais qu'un grain de sable ?

Pour réparer mon erreur, je devais rendre à chacun sa liberté de penser.

Je devais aussi me rendre ma liberté en m'enlevant le fardeau d'éduquer mes semblables. Je viserais désormais ma perfection à moi. Voilà ce que devait devenir la création.

À partir d'aujourd'hui, je devais construire quelque chose de nouveau, cette fois-ci sans faire l'erreur de vouloir voler à mes frères leur liberté de penser. Je démissionnais de mon poste d'enseignante de vérité. Désormais, je rayais ce poste du dictionnaire des professions.

J'avais une soudaine envie de remplacer l'enseignement par le partage. Je rayais la condescendance reliée à la fausseté de me croire la plus structurée, la plus capable d'aider les démunis. Je voulais expérimenter la communion, une union commune avec des frères. Ils n'étaient pas dans le besoin. C'est moi qui avais besoin d'eux.

Le samedi suivant, devant la vitrine de la pâtisserie, je m'arrêtai et j'eus l'eau à la bouche devant un superbe gâteau au chocolat belge. C'est là que je réalisai que si les gens adoraient manger ce délice, peu d'entre eux étaient intéressés à en connaître la recette.

Encore une fois, Monsieur Thée m'attendait avec mon histoire de gâteau. Il avait le don de comprendre les hommes. Il connaissait ma tristesse et ma désillusion devant ce manque d'intérêt de certains de nos frères à devenir conscients. Il me voyait comme un pâtissier voulant montrer à tous ses clients le plaisir de cuisiner soi-même des pâtisseries alors que les clients avaient bien d'autres intérêts. Ils voulaient du tout cuit et de grâce, rien d'autre !

Si je venais à peine de prendre conscience qu'autour de la grande Table de Travail nul homme n'avait le droit de s'ériger en enseignant de vérité absolue, il me fallait aussi voir maintenant que tous les hommes n'étaient pas prêts à chercher en eux cette Vérité qui les attend depuis si longtemps.

« Dans la vie Marthe, chaque homme a en lui tous les ingrédients nécessaires pour devenir un bon sujet : générosité, compréhension, pardon, amour du prochain... Tout est là, en attente d'être manifesté, mais la vie n'a pas mis automatiquement le "gène du désir" avec ce beau cadeau. Cette volonté de s'accrocher au bien doit venir de chaque personne et elle est la seule condition pour faire partie d'un univers aimant. Souviens-toi toujours de cela Marthe.

Même si tu voulais ne porter aucun jugement, tu en serais incapable. Ce serait alors mettre un masque devant la réalité. Ne voir que le bien est une vision irréaliste. Tu ne peux pas ignorer les inerties de conscience qui t'entourent. Tu auras beau devenir triste à en mourir, te tourner les sangs en tout sens, tu ne peux rien partager avec celui qui n'a pas la volonté.

Rien ne t'empêchera de ressentir la même impuissance que celui qui a pleuré sur Jérusalem il y a deux mille ans...

Certains cerveaux ont court-circuité le bon, le beau, le vrai pour se retrouver dans la maladie mentale, assoiffés de faux bonheurs. Si tu es triste, Marthe, de voir ces maladies de vieillesse qui demandent des médicaments pour oublier la mort et la souffrance (comme si parce que l'on est vieux, l'on est obligé de ne plus penser); si tu es triste de voir les gens dans les vapeurs d'alcool qui relèguent aux oubliettes le vide tellement immense de leur vie et qui mettent un voile devant la souffrance de l'autre lorsque le monde s'écroule, triste à cause des anorexiques qui se vident de toute chair comme si le problème était dans la peau et non dans le cerveau, alors tu es toujours en vie. Si ton âme est affligée devant les maladies de tes frères, c'est que tu es toujours vivante et pensante, et de cela je suis fort heureux.

Par contre, il te faut aller plus loin lorsque tu regardes cette misère. Malgré toute la souffrance qui se voit à l'œil nu chez ces gens, tu ne pourras jamais travailler avec certains d'entre eux et tu dois comprendre pourquoi.

Je m'empresse de te donner le mot « riche » à ruminer, en espérant que tu sauras y trouver quelques éléments pouvant te mettre sur la piste des gens avec qui tu pourras partager ta recette du gâteau. »

Croisière de riches

Marthe, le 10 octobre

Il était une fois un moussaillon qui travaillait sur un bateau naviguant sur une mer noire, dans l'enfer des ténèbres, dans le lieu des âmes mesquines et malades. Ce bateau offrait un voyage en première classe à tous ceux qui avaient envie d'une évasion pour gens fortunés. Les billets étaient continuellement en vente partout dans le monde. La publicité disait : « Croisière de riches, c'est pour vous ». Les voyageurs achetaient leurs billets au quai de la facilité : payer pour un billet et se laisser transporter. Ils avaient aussi dit oui à la destination, oui à faire partie d'un bateau pour les « riches d'eux-mêmes » qui se prennent pour des parvenus.

Parce qu'ils étaient intelligents, qu'ils savaient tout, ils étaient eux-mêmes le centre de l'univers. Ils avaient raison. Ils se croyaient capables de tout connaître sur eux et les autres. Ils étaient favorisés.

Ils avaient donc choisi cette croisière. Ils s'étaient fait avoir par la publicité justement parce qu'ils étaient au-dessus de tout.

Le bateau est parti du quai de la richesse – destination : enfer. La croisière comportait plusieurs escales, c'était une vraie croisière.

La première escale était sur l'Île du plaisir : quand on est fortuné, l'on prend plaisir à diminuer les autres qui sont pauvres et qui ne sont pas aussi intelligents. On éprouve une satisfaction à leur dire quoi faire, quand le faire et où le faire. On aime contrôler. Le plaisir consiste à fêter avec des activités de riches : promenade de dénigrement sur le dos des autres, paris sur les démolitions de réputations. Il y avait aussi le plaisir de s'aduler soi-même – le summum !

Île suivante : les amours de chimères. Quand on est riche, l'on aime bien obliger les autres à nous aimer. La devise était « Aimez-moi les uns les autres sans que j'aie à vous aimer ! ». Il y avait là des présidents qui se sentaient aimés par des employés qui voulaient garder leur emploi ou avoir une promotion, des femmes au corps de déesse, des hommes offrant leurs muscles, d'autres laids mais au portefeuille bien rempli, des chanteurs populaires qui s'offraient aux journaux pour être aimés sans se faire trop déranger. Cette île s'appelait « Île aux illusions » tant elle abritait des tonnes de faux amours.

Escale suivante : l'Île du malaise – quelques-uns éprouvaient des nausées, des maux de tête, de la nervosité parce que plaisirs et amours de mirages ne durent pas éternellement. Malgré tout, l'Île du malaise avait encore ses bons côtés : l'on pouvait se laisser bercer par la temporisation en se faisant croire que les malaises étaient passagers et que l'on pouvait continuer à se promener sur le dos de la facilité.

Ensuite : Île de la maladie – angoisse, peur, ressentiment. Il restait une sorte de béatitude : la justification. Les responsables des malheurs étaient toujours « les autres, ces chers autres ». Grande richesse.

La dernière île : Île de l'enfer sur terre – dépressions, suicides, paranoïas, souffrances terribles. C'est autour d'elle que le bateau naviguait, sur une mer noire, sous un ciel noir.

Comme c'était un bateau de riches, ces derniers s'y ancraient et ne voulaient pas en sortir.

Il y avait un moussaillon qui travaillait sur ce bateau. Ce dernier faisait la croisière plusieurs fois par année, il la faisait non pas parce qu'il était riche, mais parce qu'il voulait aider les riches par ses consolations, en leur servant le thé, les biscuits et la Parole.

Les riches crachaient sur le moussaillon, le traitaient de haut, lui demandant par exemple des excuses à genoux parce qu'il s'était reposé quelques minutes ou l'écrasant comme un vulgaire minus. Ils ne voulaient pas de ses histoires à dormir debout. Ils ridiculisaient ses paroles. Ils voulaient continuer leur croisière de riches même si elle les menait directement en enfer.

Le moussaillon était mort de fatigue à force de servir les riches. Il voulait quitter ce navire, cette mer noire, cet enfer. Il désirait revenir dans le Royaume qu'il avait découvert, retrouver son monde, mais de bons amis à lui travaillaient sur ce bateau, des membres de sa famille aussi. C'est facile de penser « il n'avait qu'à dire non au prochain voyage ». Cependant, si vous aviez été sur le quai, si vous l'aviez vu faire ses adieux à ceux qu'il aimait et qui avaient décidé de rester sur ce bateau, vous comprendriez son déchirement. Le moussaillon savait qu'il devait partir, aller travailler ailleurs, montrer aux hommes comment construire leur propre barque. Il avait beau connaître le chemin à emprunter, le départ restait quand même pénible.

La justice des riches consiste à choisir l'enfer de leur propre pouvoir et dans ce cas, ils ont le droit d'y rester. La justice des pauvres en diffère par le fait que celui qui demande à être guidé vers son intérieur et veut partager avec ses frères, obtient la richesse éternelle.

Si du mot erreur j'étais arrivée à un désir de partager avec mes semblables au lieu de les aider, le mot riche m'amenait à la triste conclusion que certains n'ont pas envie de partager et qu'il me fallait laisser à eux-mêmes ceux qui n'avaient pas en eux ce désir de construction intérieure.

C'est ainsi que pendant des mois et des mois, j'ai usé avec Monsieur Thée des dizaines de crayons et noirci de nombreux cahiers. J'ai passé des heures et des jours à travailler verbes, mots, expressions, phrases, à éplucher mon oignon jusqu'au cœur pour un mot, à recommencer avec un autre le lendemain.

Au début, j'avais surtout envie d'être en mode « production » tous les matins, comme sur une ligne de montage en usine, mais ce n'était pas ainsi que cela fonctionnait. Tout cela n'avait rien à voir avec les machines à faire penser l'homme.

J'avais foi en quelque chose de complètement différent et il me fallait en payer le prix. Certains matins, rien ne surgissait de cet univers inconnu et impalpable qu'est la créativité. À d'autres moments, tout à coup, une incroyable intuition prenait naissance, me laissant à bout de souffle et estomaquée par ma découverte. Un matin, la page était blanche et le lendemain, ma main n'arrivait pas à écrire assez vite pour suivre ma pensée, comme un sténotypiste à la cour qui ne parvient pas à capter l'entièreté du témoignage qui défile trop vite.

Ceci, me semblait-il, préfigurait l'émergence d'un nouveau monde en moi, mais aussi dans ma ville. Il est certain qu'un tel trésor se devait d'être partagé, mais la distinction s'imposait et cette fois-ci, je ne referais pas l'erreur de vouloir imposer ma pensée, ni celle de vouloir partager ma succulente soupe d'idées avec quelqu'un qui avait envie de frites congelées !

Je sentais que je construisais une base dans ma vie éternelle. Morceau par morceau, mot par mot, pendant des mois et des mois, j'ai voyagé avec Monsieur Thée dans un univers qui avait toujours été là, mais que j'avais omis de regarder : le monde de la réflexion entre moi et cet univers intouchable.

Quel bonheur que ce travail ! Quelle paix s'installait en moi par cette voie si simple, que de joies dans ma relation avec cet homme qui ne m'a jamais donné de cours, mais qui m'a appris à devenir riche intérieurement.

Il y avait entre Monsieur Thée et moi un amour qui rayonnait de simplicité totale.

Simplicité dans nos échanges qui se passaient toujours d'égal à égal, ni maître ni élève, entre deux humains ayant le désir d'échanger, de partager ensemble un monde trop souvent ignoré des hommes.

Simplicité dans cette façon d'aller dans l'univers par les mots, rendant la Vie accessible à tous.

Ce que j'appréciais le plus était cette liberté que j'avais retrouvée et qui me permettait de penser sans barrière, de faire des erreurs et de les corriger, d'avoir une vision différente de celle de Monsieur Thée et de demeurer capables tous deux d'en rire. Personne plus qu'un autre ne détenait la vérité.

J'avais regagné cette liberté qui remettait chaque homme entre les mains de son propre Dieu intérieur. Chacun devenait responsable de ses propres décisions.

Pour me détendre un peu, je décidai un beau vendredi d'aller me promener à la campagne et de me laisser bercer dans un autobus : direction tranquillité. Un peu de repos avant ma rencontre hebdomadaire du samedi ne me ferait pas de tort.

Quel repos ! C'est là que j'ai compris que lorsque le voyage intérieur est entamé, c'est comme un volcan qui fait irruption. Rien ni personne ne peut arrêter le processus. Tout, même un simple voyage de plaisance, devient sujet à bouillonnement.

J'étais assise sur le banc d'un terminus de Montréal, attendant l'autobus, lorsque je me suis rendu compte que j'avais perdu mon porte-cartes. J'allai donc au comptoir d'information pour solliciter l'aide du gardien. Je voulais qu'il demande au micro si quelqu'un avait trouvé mes cartes d'identité perdues.

Brusquement la panique me prit. Les cartes n'avaient aucune importance. Là, dans ce terminus d'autobus de Montréal, je venais de prendre conscience que je n'avais plus aucune description à fournir à personne. Ce qui me déboussolait, c'était mon identité perdue, pas les cartes.

Au même titre que dans mon cheminement, je n'appartenais désormais à aucun groupe, aucune nation, religion ou école. Je n'avais plus d'appartenance ni à Christ, ni à Bouddha, ni à un groupe d'entraide, à rien ni à personne ! J'avais quitté maîtres, livres, méthodes, croyances, adhérence. Je n'avais plus d'attaches. J'étais libre, complètement libre.

Ce fut l'angoisse. Je me rappelais à quel point j'avais ressenti la même terreur il y a plusieurs années lorsque je m'étais retrouvée en résidence pour terminer mes études. J'avais acquis ma liberté mais aussi la peur qui l'accompagnait.

C'est difficile d'être libre, de penser par soi-même, de se nourrir soi-même, de voyager seule, de choisir son évaluation des mots, des valeurs, des connaissances, de différencier le bien du mal.

Je me retrouvais à nouveau au paradis terrestre, devant les pommes de la connaissance du bien et du mal. J'avais parcouru tout ce chemin depuis tant d'années pour être capable de dire non au serpent, non je ne voulais pas de cette connaissance toute faite, cultivée par un autre.

Le don premier du Créateur à ses enfants était la liberté de penser. Seuls les hommes étaient assez voleurs pour priver leurs frères de ce droit fondamental, assez dictateurs pour imposer leur système. À l'inverse, seuls les hommes étaient assez dépendants pour octroyer à quelqu'un le droit de gérer leur propre don, si précieux.

Je me retrouvais donc dans ce terminus, sans identité, libre comme l'air. Je dis au gardien de laisser tomber l'annonce au micro. J'ai lu en lui qu'il me croyait dérangée.

J'étais libre de toute attache. Je pouvais écrire ce que j'avais envie d'écrire, dire sur papier ce que je voulais, sans maître, sans livre, seule avec ma pensée, et mon trésor intérieur.

Je ferais dorénavant pousser moi-même mon pommier, mon propre arbre de la connaissance du bien et du mal. Après tant d'années de recherche, j'acceptais le don du libre arbitre de mon Créateur et je lui disais merci.

La joie arrivait pour déloger la peur. Je me retrouvais autonome et bien dans ma peau. Je ne recherchais plus à devenir identique à quelqu'un, ni à me confondre dans un groupe, ni à appartenir à un dogme.

J'étais là, dans ce terminus, avec un Moi unique et libre dans ma pensée. Je n'avais plus besoin de la sécurité du gardien pour me retrouver une identité. Plus besoin de protecteur, plus besoin de m'identifier à personne, plus besoin de bornes, l'univers entier s'ouvrait pour des voyages à destination de l'infini, pour l'éternité.

En arrivant chez Monsieur Thée, je lui racontai cette histoire. Il m'a prise dans ses bras, m'a serrée très fort en me disant :

« Bravo Marthe ! Tu n'as pas choisi le chemin le plus facile, mais tu as choisi celui pour lequel tu as été faite, celui qui te permet de te créer et non de te cloner. Je suis tellement fier de toi ! »

C'était un autre de ces jours qualifiés de « jour le plus heureux de ma vie ».

Après plusieurs mois d'immersion dans ce monde **fantastique,** je savais qu'il fallait maintenant passer à autre chose si je voulais permettre aux pauvres qui en ont le désir de s'enrichir.

Je questionnais sans cesse Monsieur Thée à ce sujet. Il ne répondait pas, lui qui m'avait si bien guidée jusqu'à ce jour. Était-ce volontaire de sa part de laisser la page de la réponse aussi blanche ? Sûrement, puisque avec lui tout était possible, il savait tout. Mais savait-il vraiment tout ? Le doute se planta en moi. Monsieur Thée ignorait quelque chose…

J'abandonnai l'idée de le forcer à me répondre et c'était, je le sentais, un bon pas vers la sagesse. Je me sentis alors comme clouée sur place, figée, crucifiée sur une planche de bois, incapable de bouger. Quelle attitude de martyre je me donnais : « Regardez comme je souffre de ne pas avoir votre réponse Monsieur Thée, je souffre pour vous. Ma détresse, je vous l'offre en rédemption de mes péchés ». Je savais trop bien que s'il y avait un rôle que Monsieur Thée avait en aversion, c'était bien celui de la victime.

« Ah ! Non ! Cette histoire de croix – les hommes savent trop bien la manipuler depuis deux mille ans. J'y reviendrai quand tu seras prête » m'avait-il déjà dit. « En attendant, descends de cette croix et cesse de mourir chaque jour ! Lâche ton masque de mort et allez, ouste ! » Je ne pouvais pas lui faire ce coup-là. Il fallait que je trouve autre chose.

Je décidai donc de gagner de l'autorité sur moi-même et c'est là que je commençai à comprendre sa doctrine sans parole et sans mot. Son silence, jusqu'à ce jour, était rempli d'un enseignement extraordinaire. Je m'en rendais compte là, à cette minute même. Monsieur Thée voulait que je sois maître de mon destin. Il voulait que je tisse moi-même les fils de ma vie terrestre. Il me voulait autonome, libre de faire le plan de ma vie, au même titre qu'il m'avait appris à être libre de mes pensées. Il m'avait donné ce cadeau et je lui retournais sans cesse cette liberté en disant « oui-mais-moi-dans-mon-cas-vous-pourriez-décider-et-me-dicter-ma-vie-terrestre-je-vais-vous-écouter-sur-toutes-la-ligne ». Décidément, la liberté sous toutes ses formes est difficile à accepter !

Intérieurement, je lui dis alors tout simplement merci de ce cadeau que j'avais refusé depuis si longtemps, merci pour cette liberté d'action. Je savais que les choses ne seraient jamais plus les mêmes. Je me suis alors sentie transformée. Je savais que mon nouvel éclat n'avait rien à voir avec ces gloires sur des podiums, comme ces orateurs qui prêchent devant des foules de centaines de personnes et finissent par s'élever de terre. Pas de gloire visible aux yeux des hommes. Une seule femme devait voir mon nouvel aspect éclatant et glorieux : et c'était moi. Je n'avais rien à dire aux autres, rien à prouver, c'était une histoire entre Monsieur Thée et moi.

Lorsque ce matin-là j'allai voir Monsieur Thée pour le remercier de son silence, j'eus droit à son sourire. Je ne vivais maintenant qu'en fonction de ces sourires d'approbation. Là était ma vie, ma passion, mon désir, toute ma force de vivre. Je lui rendis grâce, je savais maintenant ce que j'avais à faire.

Ma vie serait un témoignage – je devais, par mes actes et mes paroles, témoigner que le combat de l'apôtre en valait la peine. La victoire finale n'était pas sur le monde, ni dans le monde, mais en soi. L'esclavage résidait dans le tréfonds de chacun de nous. Monsieur Thée voulait notre liberté à tous, c'est nous qui la refusions. Jamais son intention ne fut celle d'un dictateur. Ce n'est pas lui qui devait préparer nos plans, il voulait tant que nous les fassions nous-mêmes.

Témoigner... être pour lui et non pour les hommes un ouvrier de toute heure, de toute tâche. Je devais dorénavant changer d'employeur. Je n'étais plus tenue de travailler comme secrétaire pour la ville, mais pour lui. Il me prenait comme j'étais, exactement là où j'étais. Il m'acceptait sans jugement, sans exigence autre que ce que j'étais à ce moment-là. Les taches noires sur mon CV, il s'en balançait.

Mon rôle serait celui d'observatrice et de témoin pour lui, témoin de ce que les hommes de ma ville pouvaient dorénavant faire pour eux-mêmes. Je serais partie intégrante de sa compagnie, dont l'objectif premier était de ramener les hommes à eux-mêmes et en eux. Je voulais devenir une sorte d'indicatrice, d'observatrice, de consultante pour les hommes et un bras droit pour Monsieur Thée.

Il y aurait des obstacles, bien sûr, mais il me guiderait dans ce travail méticuleux de défrichage. C'est lui qui serait le bâton sur lequel je pourrais m'appuyer, autour duquel je pourrais pousser comme un plant de belles tomates rouges autour de son tuteur. C'est cela. Il serait mon tuteur.

Il y avait dans une ville voisine un café où les gens allaient passer une heure ou deux pour siroter un breuvage en s'amusant à créer leur propre tasse en céramique. Tout contribuait à faire d'eux des artistes : un conseiller, de la glaise, des couleurs, un tour, un four, des outils. Chacun pouvait laisser aller son imagination et sa créativité dans une ambiance chaleureuse et reposante. On pouvait se restaurer avec café et gâteau, tout en laissant libre cours à ses talents artistiques.

C'est là, dans ce café, que l'idée m'est venue d'ouvrir un salon de thé où l'on pourrait non pas créer des objets en céramique, mais se créer soi-même grâce à l'écriture. Tout le matériel nécessaire serait fourni : papier, crayons, dictionnaires et surtout, l'amitié nécessaire pour faire germer les idées et apprendre le partage. Ce serait un grand rassemblement de créateurs en herbe !

Ce serait une rencontre de peuples, de nations, de religions, d'hommes tous différents les uns des autres, mais capables de s'unir par le biais de l'écriture. Les consciences se formeraient en harmonie, les unes tissées grâce aux autres. Ce serait un grand Rassemblement.

Je tiendrais ce salon de thé qui permettrait de réunir autour de petites tables, revêtues de nappes à carreaux blancs et rouges, des hommes totalement différents les uns des autres, pour échanger leurs disparités. Dans ce salon, Monsieur Thée apprendrait aux hommes à aller puiser leur propre création en eux et, moi, en servant le thé, je réunirais ces dissemblances pour un partage, une communion des âmes jamais connue auparavant sur terre ! Mon salon serait sa première école d'écriture et si cette école fonctionnait, le principe pourrait s'appliquer dans mille autres pays.

Je démissionnerais de mon poste à la ville et ne serais plus prisonnière d'un monde de fonctionnaires à fonds de pension, salaires assurés et congés de maladie pour les jours difficiles. J'avais gagné ma liberté et pouvais maintenant échanger ce monde de fausse sécurité contre un monde d'innovations, de créations, de doutes, d'évolution.

Je recevrais les gens et j'étudierais avec Monsieur Thée ces phénomènes, lui présentant l'homme du troisième millénaire. Je lui désignerais les hommes de ma ville et lui, en échange, me convertirait en tenancière de salon de thé. Il m'apprendrait comment on peut vivre sa vie et très bien la gagner en servant du thé avec lui. Il m'apprendrait à métamorphoser un salon de thé en grande école.

Qui sait, peut-être qu'ensemble nous ferions de ma ville une ville lumière. Quelle aventure extraordinaire m'attendait !

Mon mandat était de prouver à Monsieur Thée que l'investissement en valait la peine. Si le résultat de nos efforts était positif, ma ville se transformerait. Si le contraire se produisait, Monsieur Thée repartirait et la ville s'autodétruirait en peu de temps par stagnation.

Je n'en dormis pas de la nuit. Je venais de raviver un ancien rêve : celui de la cathédrale humaine.

Je me sentais comme à vingt ans, pleine d'énergie, prête à tout, véritable dynamite ambulante, mais aussi nerveuse qu'une novice. Monsieur Thée avait accueilli ma proposition avec un enthousiasme considérable. Ses paroles n'étaient qu'encouragements. Je savais qu'il serait compréhensif, mais je voulais tellement bien faire. Je voulais trop. N'était-ce qu'illusion ? J'étais habitée par un croque-mitaine qui s'appelait « Monsieur Sécurité ». Je n'avais absolument aucune certitude qui puisse me garantir que ce nouvel emploi tiendrait longtemps. Qui me disait que je pouvais aller jusqu'au bout ?

Je nageais dans un marais visqueux que « Monsieur Sécurité » m'avait préparé. Il refusait toute incertitude. Il voulait que j'exige un contrat signé en trois copies : copie jaune pour rassurer mon banquier, copie rose pour mon avocat en cas d'escroquerie, copie noire pour... que le diable l'emporte ! J'en avais ras le bol de cette recherche de conformité, de cette poursuite effrénée d'approbation, de cette stagnation en vivant ma vie comme un automate dans une eau rouge de colère, incapable de me laisser aller à l'aventure. « Monsieur Sécurité » m'avait gardée sous son aile de terreur pendant plus de quarante-sept ans. Il était temps que cela se termine !

Je décidai d'embaucher un croque-mort nommé « affranchissement » pour faire disparaître cet énergumène en moi, celui qui me rendait si peureuse, si incapable de mordre dans la vraie vie. Mon croque-mitaine devait être affaibli par manque de nourriture ces derniers temps car en deux temps et trois mouvements, il avait évacué mon logis.

Le prix à payer était une sorte d'incertitude dans mon travail de vie éloignée des garanties, mais remplie de Monsieur Thée et de ses discours si surprenants. C'est que je ne pouvais suivre les deux. Tout est choix dans la vie. Je venais d'en faire un, celui de naviguer dans le bateau croisière de Monsieur Thée. Je délaisserais le bateau-mouche de la ville.

Il n'y avait pas que ce croque-mitaine en moi qui me faisait peur. Il y avait aussi Aurelio. J'étais certaine que cet homme, maire de la ville, sortirait ses crocs à l'annonce de ma démission. Ce que j'avais peur des crocs d'Aurelio ! ... Tiens ça rime, mais ça rime à quoi d'avoir peur d'avancer parce qu'on sait que quelqu'un aura une dent contre vous ? C'est ici que je dois vous faire un aveu : Aurelio n'était pas que mon patron, il était aussi mon amant depuis vingt ans. Voilà, c'était dit.

Que signifiait cette histoire de vivre dans les pleurs et les grincements intérieurs parce qu'un Aurelio était ainsi armé de menaces, de colère et de haine à l'égard de ceux qui ne faisaient pas sa volonté ? Il critiquait continuellement et dangereusement ou alors il fulminait dans ses crises de delirium quand il était en manque d'attention. Il entretenait une armée terrifiante de pleurs, de cris, de tremblements pour obtenir que je me mette à ses pieds pour le reste de ma vie. Parce que c'est cela qu'il voulait Aurelio, que je sois à ses pieds pour faire ses quatre volontés et être son récipient, celle sur qui il pouvait déverser ses poisons d'amertume. Ceux qui le côtoyaient savaient qu'il y avait un prix à payer pour avoir son appui ou être son ami : il fallait fermer les yeux bien fort lorsqu'il nous écrasait ou qu'il nous disait des mots venimeux. Il cherchait sans cesse à embrouiller notre petit cerveau (minuscule bien sûr comparé au sien) de ses propres maux remplis de confusion !

Aurelio me déchirerait, c'était certain. Je l'entendais déjà médire à la ville de mon manque de fidélité, lui qui m'avait tant donné. Ce que je pouvais être méchante, horrible et cruelle. « Vingt-huit ans au service de la ville et voilà toute sa reconnaissance ! » Je l'entendais aussi crier toute sa rage de me voir ainsi mettre fin à vingt ans d'une relation si bien protégée par un carcan étouffant... Comment pouvais-je être aussi dure avec lui !

Mon problème avec Aurelio c'est que j'étais incapable de lui parler sans qu'il me montre ses fichus crocs. Je figeais là, sur place et je ramollissais comme une guimauve dans le feu de la géhenne. Je ne possédais pas d'arme contre ses manipulations. Je ne connaissais pas de moyens pour le calmer. Je n'arrivais pas à lui déclarer que je ne voulais plus JAMAIS, durant le restant de ma vie, me faire dicter ma façon de parler et de me comporter. Je ne souhaitais plus me faire reprocher ce que j'étais, ni mon indépendance chaque fois que je voulais penser seule. Voilà, c'était cela. Aurelio m'étouffait d'un faux amour. Il voulait simplement que je fasse sa volonté et que je parle comme lui. Je crois que lui appelle cela de l'amour. Moi j'appelle cela de la domination.

J'étais mal en sa compagnie. J'étouffais. Je ne voulais plus vivre comme ça. Chaque jour en sa présence me causait des idées noires. Il m'écrasait, me vidait de mes énergies, me critiquait et n'appréciait pas mon travail. Jamais Aurelio n'avait voulu voir mon évolution ni même en parler. « De la bouillie pour les faibles » me disait-il. Tout ce qu'il voulait c'est que je supporte sa volonté, ses angoisses, ses crises de pleurs, sa haine contre les hommes, et tout cela sans broncher. Surtout, il ne voulait pas, sous aucun prétexte, que je lui parle de Monsieur Thée et là, je craquais.

Il paraît qu'en pareil cas, il faut se lever et s'en aller. Il paraît que chacun de nous doit lui-même faire les pas en direction de sa guérison. Aurelio n'en était pas arrivé là, moi si.

Je savais que ses états d'âme seraient affreux après mon départ, qu'il tremblerait de peur face à la solitude. Je savais aussi que je ne pouvais rien pour lui et cela m'était pénible. Je vivrais peut-être le reste de ma vie en pensant à Aurelio, mais je ne voulais plus me faire mordre par lui.

Il arrive qu'on doive se raser les cheveux à cause d'une invasion de poux. C'est cela qui m'arrivait, au sens figuré bien sûr. Des parasites pullulaient sur ma tête : un, deux, mille ! Ils m'obsédaient, me piquaient, ravageaient mon intérieur. Je les avais collectionnés au fil des ans, certains étaient des compagnons d'école, de travail, de faux amis. C'est au cours d'une période difficile durant laquelle j'étais vulnérable que je les avais laissés envahir ma vie, que je leur avais permis d'occuper mon espace vital, mieux valait à ce moment-là être entourée de ces vermines que de rester seule.

C'est la solitude qui m'avait poussée à accepter ces poux, ces bestioles qui se déguisent en personnes qui vous veulent du bien et désirent votre amitié. En réalité, elles n'ont d'attention que pour leur propre bien-être.

Un pou vous gruge lentement et vit à vos dépens. Je ne parle pas uniquement d'argent. Je parle de votre temps, de vos conseils, de votre énergie. Il s'installe chez vous et il dévore votre intérieur par ses manipulations et ses conspirations. Il est champion pour vous culpabiliser. Si vous mettez des gants pour parler à un pou, lui se met immédiatement en garde pour vous répondre ! Il finit par vous rendre si peu sûre de vous que, même si vous lui donnez votre chemise, il s'offusquera parce que vous ne lui avez pas donné vos sous-vêtements.

Le pou est d'une apparence chaleureuse, douce, serviable, mais attention ! Sa violence sous-jacente vient vite. Il finira par vous faire craquer un peu ici, un peu là. Bien sûr, vous aurez parfois l'impression que ses piqûres vous rendent folle, mais un pou sait bien quand commencer et quand finir et juste avant que vous n'explosiez, il se calmera. Mais la guerre n'est pas finie. Subtilement, petite morsure ici, blessure légère là. Le hic c'est que vous pensez toujours que c'est vous qui avez un problème. Pendant ce temps-là, le pou se promène, attaque, cherche une querelle ici, pose une bombe là, provoque une crise de larmes, réclame de l'aide, se plaint d'un manque d'écoute.

Un pou s'installe confortablement dans le fond de la tête, dans l'obscurité dont il ne veut jamais sortir. Il se lamente, geint, s'angoisse, colle à la peau, pique, mais il ne veut pas se sauver du grand désordre dans lequel il s'est enlisé. Les poux n'apportent aucun agrément à votre vie.

Le pou a élu domicile chez vous en période de faiblesse et de solitude et si vous voulez-vous en débarrasser, vous retrouverez votre solitude. Il a pris énormément de place dans votre tête et, même si couper le contact est la solution, il n'en reste pas moins que vous revenez à la solitude et qu'il vous a fait beaucoup de mal. Quand vous vous regardez dans la glace tête rasée, pleine de piqûres, l'image est affreuse.

N'ayez crainte, les cheveux repoussent et après avoir pris conscience à quel point les poux nous pompaient de l'énergie et les avoir éliminés, l'on finit par se sentir bien.

Si Aurelio était un pou difficile à déloger de ma vie, il n'y avait pas que lui. Je devais faire le ménage dans mes relations. Je commençais une nouvelle vie. Je ne pouvais me permettre de garder un pied dans mon ancien monde et un dans le nouveau. Je me trouvais là, prête à me précipiter dans une eau nouvelle. Il est impossible dans ce cas, de garder un pied sur la terre ferme.

J'entrepris donc un nettoyage en règle, une désinfection pour me débarrasser de toutes les relations malsaines qui occupaient mon temps mais ne m'apportaient en revanche que des désagréments.

Si, pour la dernière fois dans ma vie, je prenais le temps de chercher des poux, c'était pour mieux les éliminer et les remplacer par des fourmis.

La fourmi est le contraire du pou. Si le pou est parasite, la fourmi, elle, travaille sans cesse. Elle aime la communauté et est toujours à son affaire.

Si le pou vous pique sans cesse la tête jusqu'à vous rendre fou, la fourmi, elle, peut se faire écraser par vos pieds de géants. C'est pour cela qu'elle bouge tout le temps et qu'elle loge dans une fourmilière où elle cohabite avec ses amies. Ensemble, elles se protègent, échangent le fruit de leur travail. Elles créent une unité inestimable, et même si leur travail est exigeant, elles en retirent une grande satisfaction.

J'avais envie de travailler avec des fourmis célestes. Je savais maintenant pourquoi j'ouvrirais ce salon de thé.

Avant d'affronter Aurelio, je devais m'assurer de trouver un local pour le salon.

Un dimanche matin, à l'heure où bien des gens viennent à peine de se coucher, je marchais avec mon amie Rose quand j'ai vu cette enseigne « local à vendre » sur la rue principale de la paroisse Ste-Marguerite où je demeurais. La ville se divisait en deux paroisses : le vieux Prévert, paroisse Ste-Marguerite et le nouveau Prévert, plus moderne, paroisse Ste-Famille. Comme chaque paroisse était petite et que tout était concentré sur la même rue ou presque, le local à louer était situé près de l'église, de la bibliothèque et de l'hôtel de ville, édifices communs aux deux paroisses.

Rose m'avait déjà mise en garde contre les bâtiments. Elle me disait « Marthe, les maisons ont une âme, et crois-moi, certaines portent malheur ». Rose se plaisait à raconter à qui voulait l'entendre les sept ans horribles qu'elle avait vécus dans une maison aux apparences « ordinaires ». Son histoire commençait par la visite de cette maison, le couple qui vendait divorçait. À son tour, lorsqu'elle quitta cette maison, sept ans plus tard, Rose avait perdu son mari et vécu l'enfer : accident de voiture, maladie, perte d'emploi, dépression. Lorsqu'elle a voulu revendre la maison, le premier propriétaire s'est présenté pour dire que sa femme était morte dans la chambre principale de cette maison de malheur. Rose avait remis cette bâtisse de misère, pour un prix modique, à quelqu'un qui ne croyait pas en ces histoires. Aujourd'hui, la maison n'existe plus…

Rose et moi étions amies depuis… je ne comptais plus les années, cela n'avait pas d'importance. Seule la qualité de notre lien en avait. Heureusement pour moi, tout au long de ces années de travail au salon, Rose s'est révélée un soutien extraordinaire, comme seule une vraie amie peut l'être. Merci Rose de m'avoir aimée telle que j'étais, sans jamais vouloir me changer, sans contester mon idéalisme. Merci d'être restée silencieuse ce matin-là.

Ce local, je le voulais. Je ne lui ai pas demandé son opinion et elle a respecté mon choix.

On peut bien acheter un local pour ouvrir un **salon de thé,** mais on ne peut pas acheter la paix. Ce jour-là, je devais quitter Aurelio, mon patron et amant. S'il était agressif, dictateur et effrayant, il avait aussi des qualités, des peines et des émotions. J'étais incapable de démissionner de la ville et de couper court à notre relation sans en être bouleversée. Je ressentais Aurelio en moi comme si j'étais enceinte de lui.

La coupure aurait été plus facile si ce lien n'avait été qu'une relation de travail. Malheureusement, Aurelio et moi étions attachés l'un à l'autre depuis que nous avions commencé à nous aimer d'un faux amour de dépendance. Il fallait maintenant défaire cette espèce de tissu que nous avions tricoté ensemble : un rang à l'endroit pour la tendresse, un à l'envers pour les brusqueries, un à l'endroit pour les échanges et les discussions passionnantes, un à l'envers pour les douches froides et les paroles acerbes au restaurant. Trois rangs de rose pour le partage de nos corps sur le divan du salon, comme dans un film d'amour, trois rangs de noir pour la tasse qui éclate ou le coup sur la table, comme dans un film d'horreur.

Je pourrais vous écrire un livre complet sur ma relation avec Aurelio, mais je dévierais de mon objectif premier : vous faire part de mon cheminement avec Monsieur Thée et nos compagnons.

À l'époque, la vie semblait s'arrêter chaque fois qu'une situation pénible se présentait dans mon quotidien. Tout à coup, pour le même bout de film, il y avait zoom, rembobinage, avance rapide ou lente afin de scruter les détails. Le film restait fixé sur ces quelques minutes de vie, toujours le même passage qui m'obsédait. Je n'imaginais pas qu'un jour je mettrais cette cassette vidéo de côté, dans les archives et que je me plairais à regarder un film plus paisible.

Je vous raconte tout cela pour vous mettre dans le contexte de ce lundi matin de novembre où j'ai pénétré dans le bureau d'Aurelio.

D'entrée, j'ai lancé deux bombes : la première : « J'ai acheté un local sur la rue Principale pour ouvrir un salon de thé et ainsi devenir autonome », la deuxième : « Je coupe les liens avec toi, Aurelio, parce que je n'en peux plus d'être sous ta gouverne. Notre amour s'est transformé en possession et en cauchemar ».

Ce n'est pas sa colère qui me ramollissait les jambes, qui faisait battre la chamade à mon cœur ou imprimait un tremblement à chaque mot qui sortait de ma gorge. Sa colère, je la connaissais, sa dépression aussi. C'était plutôt la blessure que je lui infligeais par cette rupture qui me mettait dans un état lamentable. Je connaissais sa plaie, son mal, sa détresse. C'est cela qui me bouleversait.

C'était étrange, mais je me sentais comme une prisonnière qui, après vingt ans d'incarcération, avait peine à quitter son geôlier à sa libération, tant ce dilemme embrouillait mon esprit.

Si, à l'époque, j'étais déchirée par ces blessures, aujourd'hui je ressens une sorte de honte d'avoir vécu cet amour malsain.

Aurelio faisait partie de cette croisière de riches dont je vous ai parlé. Il y voyageait régulièrement. Il était de ceux que je devais laisser pour naviguer sur d'autres eaux. Cet adieu ne m'a jamais laissée insensible, bien au contraire.

Je n'arrive pas à croire que j'ai vécu une histoire aussi pernicieuse. C'était une relation de dominant-dominé. Si Aurelio avait été autoritaire et dictateur, moi j'avais été folle de me laisser écraser sans mot dire, incapable de réagir. Il me semblait que si je m'étais solidement affirmée dès qu'il tentait de m'abaisser par ses paroles tranchantes ou méprisantes, j'aurais pu… C'est cela qui me faisait honte, je n'avais rien fait pour le changer.

En fait, je n'aurais pas pu le transformer. L'histoire de la princesse qui sauve l'ogre de son sort et le métamorphose en prince par l'amour qu'elle éprouve pour lui est un conte de fées. Personne n'est maître du destin d'un autre. Aurelio est demeuré ce qu'il a bien voulu rester : un être agressif, dictateur, n'aimant pas les Hommes, mélangeant contrôle et amour. J'avais aimé un bourreau. J'avais aimé Aurelio, mais c'était terminé.

Ce lundi matin fut la première et dernière fois où nous avons discuté de démission et rupture. Jamais Aurelio n'est revenu sur le sujet. J'y suis moi-même revenue mille quatre cent quarante-deux fois, mais dans ma tête uniquement. Vingt ans de contact aussi intime avait été coupé aussi rapidement qu'un cordon ombilical.

Si Aurelio n'est jamais revenu sur le sujet de notre relation, par contre, il me l'a fait payer cher.

J'ai quitté ma fonction de secrétaire pour la ville deux semaines plus tard. Cette période de transition fut affreuse. La peur me rongeait les tripes. J'avais abandonné toute sécurité : argent, travail assuré, amant, retraite toute rose en vue, et quoi d'autre encore…

J'avais tout quitté. Mon cœur voulait partir mais mon corps me retenait et me figeait par ses insomnies, sa grande nervosité, sa fatigue, sa dépression mineure, son manque d'entrain. Voilà les vacheries du corps à ces moments-là. Il faut alors se dire que c'est passager et que le cœur nous mènera bien plus loin.

Mon cœur a gagné la bataille.

À qui doit-on dire merci en pareille circonstance ?

Si la vie demande un mouvement perpétuel, si l'évolution est faite de joies et de peines, d'extase et d'angoisse, alors, j'étais tout à fait en vie et en évolution. Je ne le savais tout simplement pas.

À l'époque, je pensais que pour évoluer, il fallait trouver « le » bon créneau dans lequel s'activer. J'avais des amis autour de moi qui avaient trouvé leur voie, la réalisation qui les comblait et je les enviais. L'une travaillait comme thérapeute, l'autre ne vivait que pour le yoga. Rose, quant à elle, œuvrait dans un centre pour personnes souffrant de trisomie. Il y avait aussi mon copain de toujours, Michel, qui avait trouvé le bonheur dans le service aux sans-abri.

Moi je me retrouvais dans le concret, d'abord chez le propriétaire du local pour visiter, ensuite chez l'agent d'immeuble pour offrir un montant, puis chez le notaire pour signer un contrat, et enfin dans mon local pour peindre, rénover changer les lumières, démolir la salle de bains trop vieille.

Pendant plus de trois mois, j'ai eu cette impression désagréable de « ne pas être spirituelle ». Que de doutes ! La préparation du local, même si le but était noble, était une occupation trop terre à terre comparée à tout ce que j'avais vécu jusqu'à ce jour.

Je m'ennuyais de mes samedis avec Monsieur Thée, mais tous les deux nous savions que c'était nécessaire. Tout au long de cette période de préparatifs, un sentiment d'insécurité me prenait souvent à la gorge et me tenaillait.

Je me demandais si parfois Mère Térésa avait eu des doutes au sujet de sa mission, s'il arrivait au Pape d'avoir envie de devenir cuisinier dans un grand restaurant, si Bill Clinton n'avait jamais souhaité de passer aussi inaperçu que le bedeau de la ville. Tous ces gens que j'admirais parce qu'ils avaient trouvé leur voie, doutaient-ils parfois aussi ? L'écrivain doute-t-il de son talent ? Le professeur pense-t-il se tromper dans ses enseignements ? La mère dévouée éprouve-t-elle parfois envie de se trouver un amant grivois et riche pour partir avec lui ?

Vous arrive-t-il d'hésiter sur le choix du chemin que vous avez pris en vous disant « J'ai tissé ma propre toile d'araignée et je suis incapable de m'en sortir ? » J'avais parfois ce genre de doute. Cette période où je préparais l'espace pour mes invités fut difficile.

Je n'ai pas eu de souper d'adieu pour mon départ **de la ville.** Je ne m'en suis pas offusquée, même si j'en étais fort triste. Je savais bien que mes collègues devaient choisir entre moi et lui, entre l'amitié qui s'était développée entre nous et une relation satisfaisante avec leur patron. C'était un ou l'autre, certes pas les deux. Pour leur paix, ils ont choisi la deuxième option et je les comprends.

Même si j'ai éprouvé beaucoup de peine, je n'ai pas pleuré, je me suis plutôt fâchée. C'est ainsi que la tristesse m'attrapait au détour. Avec le temps, j'ai réussi à apprivoiser cette colère résultant d'une blessure. Je la vois aujourd'hui comme une amie qui m'a empêchée de vivre la dépression en laissant sortir le venin qui m'habitait.

Pour compenser mes pertes, j'avais l'écriture. Quel soulagement ! Alors j'ai écrit pendant trois mois, tous les matins, sur la colère, la peine, les serrements de cœur, la culpabilité, le tourment d'Aurelio, son indifférence depuis notre rupture. J'ai écrit surtout sur les raisons qui me poussaient à le quitter pour me convaincre que son agressivité, sa colère, son emprise, sa dictature à mon égard ne m'appartenaient pas, que je n'en n'étais pas responsable. Tout cela m'oppressait. Même de loin, cet homme m'indisposait.

À force d'écrire, j'ai découvert toute la magie de cet acte qui me reliait à cette partie de moi qui savait ce dont j'avais besoin et quel était le bon chemin à suivre. C'est là qu'après trois mois, j'en suis arrivée à la certitude que mes deux décisions, celle d'avoir quitté Aurelio et celle d'avoir quitté mon poste à la ville, étaient excellentes. Je savais maintenant qu'Aurelio ne m'avait pas aimée vraiment, il avait voulu me contrôler. C'est très différent. La ville quant à elle, m'empê-chait de donner un sens à cette vie parfois ridiculement bête. La réponse était en moi, dans mon cœur, avec Monsieur Thée et avec mes rêves.

Ces trois mois furent pénibles. La panique régnait en moi, c'était un vrai capharnaüm. J'avais dans ma tête une ville entière de personnages qui se parlaient, se répondaient, argumentaient, sans pouvoir arriver à une décision unanime.

L'un disait « Il faut dire non à un tel projet voyons, nous sommes indignes d'une telle entreprise ! » D'autres démontraient que le salon et Monsieur Thée dérangeraient notre stabilité (quelle stabilité ? C'était une tour de Babel dans chaque recoin de mon esprit !). D'autres avaient peur car l'arrivée du salon de Monsieur Thée nous obligerait à nettoyer de fond en comble nos pensées pour le grand Visiteur. Quelle corvée ! Serait-ce que mes locataires et moi redoutions le travail ?

Finalement, mes compagnons imaginaires et moi avons pris la décision la plus sage : dire oui à ce salon et faire un grand ménage intérieur avant l'ouverture, par la rédaction quotidienne. Facile à dire ! Que de saletés ! Nous avons commencé par nos maisons, arrachant des murs de préjugés, nettoyant les motifs de nos pensées dépassées, baignant les voiles des fenêtres dans l'eau bénite, décorant de couleur bleue, pourpre et dorée le gris et le noir de nos idées.

Au début, la peur mit un scellé sur nos maisons, comme ceux que les policiers installent sur les lieux d'un crime. Nous nous laissions facilement impressionner. Nous avons vite compris cependant que ces interdits ne tenaient qu'à un fil, un fil d'Ariane qui nous conduirait bien plus loin. Nous avons saisi que si nous ne ramassions pas jusqu'à la dernière miette d'idée, nous ne serions pas satisfaits du travail accompli.

Nous voulions accueillir Monsieur Thée et ouvrir le salon, c'est tout ce qui nous importait. Ensemble, mes personnages et moi avons continué le ménage de ma ville imaginaire en pavant les rues de bonnes intentions, en répandant dans les champs des semences de fleurs, de pelouse, de légumes. Nous verrions plus tard ce qui adviendrait de ces semences. En attendant, nous dorlotions nos terrains.

Si j'avais gagné une bataille intérieure en approuvant mes choix, quelques mines oubliées explosaient de temps en temps. C'est ainsi qu'un mardi matin, à huit heures quarante exactement, j'ai eu une violente attaque de « pourquoi ? ». Je me suis arrêtée pour me demander pourquoi je me compliquais la vie de la sorte. J'avais laissé derrière moi la sécurité monétaire, l'assurance confort, l'amant, les compagnons de travail, pour partir vers des batailles de cœur, de corps et d'esprit.

Je me demandais si quelqu'un pouvait m'aider à trouver un sens à toutes ces complications. Soudain, pendant quelques secondes, j'ai envié les stables, les neutres, ceux qui se baignent seulement dans des piscines chauffées, parce que les rivières trop froides ou encore parce que la mer et ses vagues, sont dangereuses. J'enviais ceux qui, chaque matin depuis leur naissance, prenaient fidèlement leur vitamine accompagnée d'un jus d'orange. Je jalousais ceux qui étaient sobres dans leurs vêtements, leur nourriture, leur boisson et surtout leurs paroles.

Cette envie n'a duré… ma foi… qu'une minute. Ce fut aussi long que la minute de silence qu'on vous demande de respecter en mémoire des victimes de la dernière guerre alors que vous êtes juste en face d'un client agressif au comptoir de l'hôtel de ville. Une fois la minute passée, j'ai bondi sur place ! J'en suis restée bouche bée.

Était-ce bien moi qui, durant cette minute, avais envié cette neutralité, cette ligne droite, cette absence de tempête, cette eau tranquille, ces paroles toujours mesurées, ce calme plat, cette perfection affichée ? « Halte-là » me suis-je crié bien fort, pour me faire peur. J'avais tant lutté contre cette monotonie.

Je savais maintenant que ma bataille avec Aurelio, avec la ville, avec le pinceau tout sale qui perdait ses poils sur les murs que je repeignais, cette bataille intérieure contre tous ces points d'interrogation, ces angoisses, ces nuits à moitié blanches, tout cela était le prix à payer pour devenir autre chose que quelqu'un de neutre. J'étais fière de moi.

Je savais maintenant que si je voulais aimer la vie, je devais aimer ce que j'en faisais. Je voulais cesser d'avoir envie de mourir. C'est cela qui m'avait toujours poussée dans les montagnes russes, à la recherche d'un sens. Si je cherchais un sens à ma vie, c'est que je luttais contre ce désir de mort.

Le salon de thé serait là pour me permettre une cent quatorzième tentative de réconciliation avec le monde et ses habitants. Si je rompais avec Aurelio, la ville et le confort, c'était pour me réconcilier avec la vie et mes frères. Qui étaient mes frères ? Qui était ma mère ?

À la fin de tout ce grand ménage, je regardai le résultat. Mon salon de thé était le miroir de mon cœur, tout neuf, il resplendissait.

Bienvenue au salon de Monsieur Thée. J'étais prête.

En ce premier jour du salon, je décidai que quiconque franchirait cette porte en ressortirait changé. Je n'aurais rien à voir avec leur transformation. C'est eux qui ne pourraient plus être les mêmes devant ce cadeau que la vie leur offrait.

Je ne souhaite pas vous faire une description de l'ouverture du salon, vous savez comment cela se passe : ballons, musiques à l'extérieur, dépliants, coupons-rabais pour le thé, exposition de crayons de toutes les couleurs et de cahiers aussi variés que les personnalités.

Monsieur Thée m'avait révélé son côté humoristique en installant à mon insu une grosse pancarte avec la phrase suivante : « Connaissez-vous les Nutri-gardes ? »

Qu'est ce que c'était encore que cette histoire ?

« Retourne la pancarte » me dit-il. « Il ne faut pas te fier à ce que tu vois en premier lieu. Il faut toujours regarder le revers de la médaille. »

En arrière était écrit le texte suivant :

« J'admire ces gens qui un jour décident de changer leur nutrition.

De quoi vous nourrissez-vous ? Pensez-y sérieusement. Votre nourriture, c'est votre choix, toujours votre choix. Les résultats aussi vous appartiennent. Tout vous concerne.

Voici quelques témoignages qui portent à réfléchir :

"Bonjour, mon nom est Bernadette, j'ai perdu cinquante livres en suivant les conseils des 'Nutri-gardes'.

Il y a quelques années, au début de la quarantaine, je me suis regardée un beau matin dans le miroir et me suis dit : je ne m'aime pas ainsi. Ma tête est toute enflée, je suis énorme, pleine de colère, de rancunes et de peurs. Je me vexe pour un rien, je ne fais plus aucun exercice de pensée ni de réflexion. Je m'isole pour ne pas être vue en train de bouffer mes émotions devant la télé. Je me cloître aussi parce que je me sens seule et laide. Je dois agir. Et c'est là que j'ai adhéré au magnifique programme 'Nutri-gardes'. J'ai pris conscience de ma nutrition. J'ai analysé mon comportement alimentaire et me suis rendue compte que je mangeais mon prochain à chaque repas et que là résidait mon gros problème. En plus, deux ou trois fois par semaine, j'organisais des soupers de groupe et nous 'rôtissions' quelqu'un à la broche. Aujourd'hui, j'ai mis de l'ordre dans mes pensées et depuis quatre ans, je maintiens mon poids."

"Mon nom est Fred, nous dit un autre. J'ai perdu deux cents livres avec les 'Nutri-gardes'. Impossible me direz-vous ? Eh bien oui, j'ai tout simplement cessé de porter la misère du monde sur mes épaules pour la remettre à Monsieur Thée, sachant qu'il saurait quoi en faire."

"Je me nourrissais de 'romans à l'eau de rose' raconte Yvonne, 'de talk-show', de 'romans Baldaquin'. La vie pour moi n'avait de sens que dans mes rêves. 'Nutri-gardes' m'a appris à me nourrir de réflexions sur la vie, le partage, la fraternité, les valeurs. J'ai perdu tout le poids d'une vie vide de sens. Aujourd'hui, grâce à ce beau programme, je nourris mon esprit d'une Parole pleine de sens".

Si vous voulez bien vous nourrir, adressez-vous au soussigné. J'ai alimenté au moins cinq mille hommes depuis l'ouverture de ma chaîne de salons de thé et croyez-moi, je les ai bien nourris ! Vous n'aurez-vous plus de souci de santé, d'énergie, de fatigue. Tout ce que je vous sers a été préparé par un groupe de cuisiniers qualifiés de "célestes". Joignez-vous à nous, faites le choix d'une nourriture saine. Les résultats ne dépendent que de vous. »

Et c'était signé : Monsieur Thée.

Ce qu'il a réussi à me faire rire !

Le premier jour, il fallait nous familiariser avec les outils de travail : papiers, crayons, dictionnaires, mots…, mais il fallait surtout réussir à toucher le cœur de chaque homme qui mettrait le pied chez nous. Je venais de nommer le salon « Chez nous », ce qui signifiait chez moi, chez Monsieur Thée et chez tous ceux qui acceptaient le voyage communautaire que nous entreprenions.

Durant cette première journée, quelqu'un de très précieux est entré dans ma vie et y est resté jusqu'à ce jour : Renée.

Renée est une femme ordinaire : cheveux bruns, yeux bruns, taille moyenne, sans style apparent. Elle venait tout simplement évaluer nos intentions car elle et son compagnon de vie étaient à la recherche de quelque chose d'imprécis, un genre d'appel de l'intérieur impossible à cerner. C'est habituellement ainsi que débute un cheminement et il se poursuit souvent pendant toute une vie. Le compagnon de Renée n'est jamais revenu, mais elle en revanche est restée d'une fidélité exemplaire à Monsieur Thée et au salon « Chez nous » ainsi qu'à tous ceux qui ont cheminé avec elle dans ce lieu privilégié où quatre murs de brique nous protégeaient de la folie extérieure.

Renée est restée une amie, une vraie. C'est si facile d'appeler quelqu'un « mon amie », Mais, vivre une amitié authentique, c'est autre chose !

On ne peut avoir plusieurs amies comme Renée parce que l'on mourrait, étourdi d'amitié.

C'est quoi au juste une amitié ? C'est être capable de tout dire sans se faire juger. L'amitié, c'est quand le temps n'a pas d'importance. L'amitié, c'est de se réjouir lorsque Monsieur Thée nous demandait d'écrire sur la tolérance et que nos idées étaient aussi différentes que noir et blanc.

L'amitié de Renée fut un cadeau, un baume sur mes plaies. Si j'avais laissé derrière moi, avec angoisse, une partie de ma vie, l'arrivée de Renée fut une vraie renaissance. Elle m'apportait quelque chose de différent de Rose. Chaque amitié précieuse est une recette unique. Rose était le « gâteau des anges » recouvert de glaçage à la fraise et aux kiwis. Renée était « un ragoût de légumes et de bœuf » épicé au poivre noir. Elles m'ont permis pendant bien des années de continuer à évoluer dans ce monde d'esprit et de recherche intérieure. Ces deux amitiés si différentes me procuraient un équilibre précieux.

Au cours des quelques années durant lesquelles j'ai pris soin du salon de thé, chaque personne qui s'est présentée a semé quelque chose en moi, mais Rose et Renée resteront mes deux trésors les plus précieux.

Si j'avais ouvert ce salon simplement pour rencontrer Renée, tous mes ennuis, mes tracas et mes angoisses en valaient les efforts. Ce jour-là, je ne le savais pas. Les voies de Dieu sont quelquefois impénétrables. Il suffit de laisser passer le temps.

Ce premier jour, un samedi, j'étais dans tous mes états. J'attendais un miracle. J'aurais voulu qu'un esprit divin parcoure la pièce, jetant un coup d'œil sur nos phrases écrites dans de magnifiques cahiers à couverture de couleur bleu métallique, rose, verte ; ou encore qu'un ange vienne me taper sur l'épaule et me dise « ça marche ! ».

Rien de tout cela n'est arrivé. Je vous le dis, rien, absolument rien, ne s'est produit. Savez-vous à quel point cela peut créer de l'angoisse ? Mais si j'avais été vraiment attentive, j'aurais senti la présence d'un être lumineux venu nous envelopper de sa protection. J'aurais perçu que je devais lâcher le cordon me reliant à mes attentes. Je serais revenue à cette partie impalpable, indescriptible qu'on nomme : « Toi en moi ».

Ce soir-là, j'ai introduit la clé dans la porte du salon à vingt-trois heures. J'ai regardé Monsieur Thée, serein et satisfait. J'avais l'impression que ce calme, cette absence d'effervescence bouillonnante qui nous empêchait de dormir, ce manque d'éclat étaient bénéfiques. Tout ce qui débute trop vite retombe tout aussi rapidement.

En me couchant, je revoyais le salon, la pancarte de Monsieur Thée sur les « Nutri-gardes », la pièce peinte en bleu ciel, jaune soleil et blanc nuage, les six tables à quatre places, les nappes à carreaux blanc-âme et bleu-paix, les cadres simples avec leurs dessins de pots de confiture, de cruches de lait, de table de bois à l'ancienne. Je me promettais d'ailleurs d'en acheter lorsque je serais riche. Il y avait aussi les photos de plats de fraises rouge-passion sur le mur du fond. Je me représentais la table, côté droit, en retrait dans le salon, sur laquelle attendaient en rang les papiers, cahiers, crayons et dictionnaires, classés par ordre de grandeur. À côté, un comptoir où je servais des brioches, des biscuits, des gâteaux, du thé et des tisanes. Enfin je visualisais aussi mon cœur, bien imprimé sur les murs.

Toute la nuit, j'ai entendu les paroles simples de Monsieur Thée : « Là où est votre trésor... la réalité est en vous... les pelures d'oignons... écrire sans se soucier ni de grammaire, ni d'orthographe... la perfection... le puzzle... la grande Présence... des milliards de sujets... réflexion... »

J'avais souri lorsque à la fin de la soirée, il leur avait demandé de travailler le mot « oui » si le cœur leur en disait, bien entendu.

Je revoyais son geste si doux lorsqu'il m'a prise dans ses bras et m'a murmuré : « Tu feras des choses plus grandes que les miennes, Marthe. »

C'était cela le bonheur, un bonheur simple. Si je n'avais eu aucun signe de grâce, si je n'avais vu aucune flamme au-dessus de nos têtes, si personne ce soir-là n'avait commencé à parler en langue étrangère, je m'étais quand même couchée en paix et surtout, heureuse des belles paroles que Monsieur Thée avait eues à mon égard.

Je pris la ferme résolution que dorénavant, j'accepterais sans jugement ce qui m'était donné. Je voulais dire oui à ma réalité, faire confiance à la vie, ne plus chercher à forcer en moi quoi que ce soit. Je voulais laisser couler l'existence, tout simplement.

D ans ce petit local juste un peu plus grand que la salle de toilette de l'église, nous menions une véritable campagne pour la liberté. Au début, je n'imaginais pas avoir mis sur pied une activité aussi importante.

Monsieur Thée offrait aux hommes une denrée rare : la liberté. Pour quelques sous, les gens pouvaient plonger dans les profondeurs de leur être pendant toute une soirée. Chez certains, rien ne sortait ou alors, c'était de la folie furieuse : les mots voulaient tous la première place. Pour d'autres, c'était un exercice régulier, toujours calme, avec des termes polis, laissant à l'autre le droit de sortir : « Après vous Madame » disait le mot. « Suivez-moi Monsieur » disait la phrase.

Ce qui comptait dans tout cela c'était l'impalpable univers qui s'était créé en nous et autour de nous. Les textes des autres étaient des baumes pour nos plaies de vie. Nos propres écrits quant à eux, étaient plutôt des bombes faisant exploser à chaque fois un morceau de notre être qui était trop vrai pour rester ignoré.

Monsieur Thée tranquillement amenait les gens à des prises de conscience. C'était là toute la beauté de son travail. C'est ainsi que doucement, les religions, les races, les peuples se rassemblaient sous un même toit pour dialoguer sur ce qui constituait leur monde, le faire connaître et le mettre à nu.

L'élément de base de cet exercice d'échange entre les hommes de la ville était l'abandon total. Je pensais à ce jeu auquel nous nous livrions étant jeunes : sept à huit personnes formaient un cercle autour d'une autre. La personne placée au centre pouvait se laisser tomber en arrière, il y avait toujours quelqu'un, quelque part, pour la rattraper.

C'est ce qui se passait au salon de thé : on tombait sans peur dans les bras de l'auditoire qui avait hâte de savoir ce que le juif pensait de la vie après la mort, de s'informer si le catholique avait parfois envie d'envoyer paître le curé et de découvrir si la mère bonne et douce avait une idée de ce qu'était l'enfer.

Le salon devint vite une école – si les muffins étaient un peu trop cuits ou si j'avais oublié d'acheter la tisane miel et citron pour mon ami Yvon, personne ne m'en tenait rigueur. On savait qu'on ne venait pas à une école culinaire, mais à l'École de la vie et c'était bien mieux.

Nous nous sentions isolés dans ce lieu clos, mais heureux – c'était comme si pendant les trois heures que durait notre soirée, il nous était interdit d'aller patauger dans le marécage des soucis extérieurs. Deux obsessions par soirée : le terme donné par Monsieur Thée et l'échange qui en découlait. En fait chaque soir un mot ou une phrase devenait une sorte de dieu unique, comme si ce soir-là notre vie en dépendait.

Nous étions parfois trois ou quatre, parfois plus de vingt autour des tables. Cela n'avait pas d'importance. Je sentais que nous étions entourés du groupe dont nous avions besoin.

Je **croyais que Monsieur Thée nous avait appris** à écrire et de la sorte à conscientiser ce qui était caché tout au fond de nous. C'est vrai, c'est ce qu'il a fait, mais avant de partir, il nous a surtout transmis un idéal.

Je voudrais aller plus loin que les mots qu'il nous a invités à mettre sur papier et à multiplier. Il y avait dans ce travail une face cachée. Il nous a appris l'abandon à l'Etre qui nous habitait.

Certains auraient qualifié cet acte d'« anéantissement de l'ego », d'autres auraient dit : « il faut trouver son Moi supérieur pour écraser le moi inférieur ». Chacun a sa façon d'exprimer les choses. Monsieur Thée ne nous avait rien dit de tout cela, il nous avait fait passer à l'action sans même que nous nous en rendions compte.

En guidant notre main vers le cœur pour ensuite aller vers le papier, en nous permettant de mettre noir sur blanc nos intérieurs, il nous avait fait découvrir nos aspirations les plus profondes, celles du cœur et celles de l'esprit. Nous ne nous cachions pas de nous-mêmes pendant toutes ces heures de délices passées entre amis au salon de thé. C'est là qu'entre nous, gens de toutes couleurs, religions, éducations, nous pouvions capituler devant l'ennemi qui nous poursuivait au quotidien dans nos vies : cet agent externe qu'on appelait le « Paraître », le désir de plaire. Au salon, nous apprenions à découvrir ce qu'il y avait de plus précieux en nous, à nous montrer tels que nous étions, à faire ressortir ce qu'il y avait de plus beau : la vérité, celle qui libère.

Réveiller ainsi une partie des gens de notre ville ne s'est pas fait sans répercussions. Chacun de nous, dans son intégrité nouvelle, déteignait sur son entourage. Une lumière n'éclaire pas en ligne droite, elle se reflète. Et parfois, ces reflets aveuglent ceux qui sont proches.

J'avais en mémoire ce film qui m'avait traumatisée et qui racontait une histoire vécue : celle d'un homme qui avait passé des mois entiers dans un trou de quelques pieds à peine, creusé dans la prison d'Alcatraz. Lorsqu'il est sorti du trou, l'homme se cachait les yeux parce que la lumière l'agressait. Ses jambes ne le supportaient plus, ses muscles étaient atrophiés. Son visage reflétait le calvaire et la torture qu'il venait de vivre.

C'est cette vision que j'avais des hommes qui nous entouraient et n'étaient pas capables de recevoir la lumière de leurs frères qui s'éveillaient. Ce groupe que nous formions était une menace pour certains. Trop heureux de nos trouvailles, nous n'avons pas vu venir l'attaque…

Une guerre comme celle qui s'est livrée en ces lieux n'était pas commentée aux postes de télé, ni mise en évidence dans les journaux. Rien n'annonçait l'arrivée de cette bataille de terre, de ciel et de pensées. Les gens du salon venaient apprendre à penser librement et c'est pour cette raison, croyez-le ou non, que les guerres ont commencé : guerres de religion, de pouvoir, de pensée – pas entre nous, bien sûr. Nous étions si heureux ensemble à communiquer de la sorte, à échanger nos rêves, nos découvertes et nos aspirations…

Ces années au salon furent les plus belles de ma
vie. Tranquillement et presque à mon insu, mon rêve s'était
réalisé.

J'avais trouvé ma voie et c'était pour moi un trésor
inestimable. Certains se découvrent dans une profession,
d'autres dans des ambitions monétaires. Moi, c'est grâce à mon
travail dans ce salon que je me suis accomplie.

En cette soirée de célébration du cinquième anniversaire de
cette merveilleuse entreprise, je regardais tous ces gens
réunis : mes amis, mon guide Monsieur Thée, mon amant
Deprah et un frisson de bonheur me parcourait la colonne.

Ils discutaient entre eux. Ils n'arrêtaient pas de parler. Dans
ce salon se déroulait une fête des âmes en paix. Il régnait une
sorte de magie dans ce local conçu pour les réjouissances.

Ce dont j'avais tant rêvé se trouvait là : une fraternité
d'hommes et de femmes qui s'étaient transformés et
réussissaient à vivre l'harmonie, les échanges de mots, de
pensées et d'idées. Ce groupe était pour moi ce qui existait de
plus beau au monde et de plus précieux.

Mon salon s'était transformé en école pour apprendre à
utiliser la Vie qui coule dans nos veines comme celle qui circule
dans les étoiles pour les faire briller. Ce soir-là, c'est nous
qu'Elle faisait étinceler.

Depuis des mois et des mois, l'Énergie avait pris vie dans
ces hommes et ces femmes qui s'étaient arrêtés pour l'écouter.

Je me suis retirée de l'action pour revoir en pensées ces
miraculés qui s'étaient si souvent rencontrés dans ce lieu pour
échanger. Le temps d'un éclair, c'était comme si tout dans ce
salon avait été écrit par une main unique.

J'étais heureuse et fière de ce grand miracle. L'Auteur sans nom de cette œuvre, le grand Créateur, se tenait dans la pièce, je le sentais.

Et ceux que j'avais devant moi étaient ses enfants.

Il y avait... Sam

Il était arrivé au salon avec toute l'assurance d'un homme qui « savait » bien des choses. Il avait étudié des milliers de livres et aimait bien le démontrer. Il avait suivi des thérapies privées et de groupe ainsi qu'une psychanalyse, il avait étudié en communication. Tout cela faisait de lui un excellent théoricien.

Notre homme de tête avait cependant un handicap majeur que j'appellerais « la justification ». Cette manie qu'il avait de toujours se défendre pour faire porter le blâme aux autres aurait pu continuer à ruiner sa vie s'il n'avait accepté de faire un voyage en lui-même. Il tournait en rond, se justifiant constamment d'être un honnête homme qui voulait le bien de tous, qui avait un cœur grand comme la planète, mais qui, malheureusement, était entouré de gens qui ne possédaient pas sa sagesse ni son intelligence ou encore sa grande compréhension, des gens qui lui menaient la vie dure !

Il y avait toujours quelqu'un de coupable dans les malheurs qui lui arrivaient, c'était cela le handicap premier de Sam. Il avait mis un voile sur ses propres déficiences. Si la pagaille s'installait au travail, c'était le patron qui était trop directif, jamais lui bien sûr qui n'acceptait pas l'autorité. Si son épouse avait une opinion différente, c'était elle qui était têtue alors que lui était ferme. Partout où la guerre existait dans sa vie, il y avait toujours un coupable. L'autre... toujours en faute. La croix de Sam, c'était les autres. La vie de Sam glissait tranquillement dans un cul-de-sac dont il n'arrivait plus à sortir. Il a atterri au salon en traînant avec lui son sac de souffrances sans jamais se rendre compte que c'était lui-même qui avait préparé sa propre valise.

Le soir de son arrivée est resté gravé dans ma mémoire. Il a débarqué sans toucher terre, plein de lui-même, avec l'arrogance de celui qui sait tout.

Son allure m'a impressionnée. Chef d'entreprise, il était bien à l'aise dans un rôle de véritable star qu'il jouait quotidiennement devant ses pairs et ses employés, mais ce soir-là, nous n'avons pas parlé d'argent, ni de stratégie, ni de marketing.

Monsieur Thée a commencé par cette page blanche qu'il servait toujours à ses invités comme entrée.

Sam était capable de remplir un cahier complet de mots savants, de grandes phrases. Il avait la plume facile et aussi cette façon de s'éclipser lui-même de ce qu'il écrivait, comme si sa main ne lui appartenait pas.

Dans ses écrits, au fil des semaines, nous avons connu sa mère, son épouse, sa maîtresse, son patron, son voisin. Tous étaient des ingrats ou des monstres. Les autres, ces chers autres prenaient tant de place dans sa pensée qu'il n'y en avait plus pour lui. Il a fallu du temps pour que le réveil se fasse.

Un soir, au plat principal, Monsieur Thée nous est arrivé avec une phrase toute simple : « Le bien que je veux, je ne le fais pas et le mal que je ne veux pas, je le fais ». Ces quelques mots joints les uns aux autres ont servi de déclencheur.

Notre homme s'est effondré. Cette phrase élémentaire a réussi à dynamiter son mur de briques. Tout s'est écroulé, lui aussi.

Nous sommes restés jusqu'à deux heures du matin à écouter son chagrin. Le plancher a essuyé ses larmes, le plafond a servi de couvercle, comme sur les pots de conserve, pour que jamais ne sorte du salon ce que cet homme avait à dire. Les murs ont été des témoins au silence précieux, comme s'ils n'avaient plus d'oreilles.

Sam venait de reconnaître à quel point il était désarmé, paralysé devant tout le déroulement de sa vie. Malgré l'argent, les femmes, la maison, son corps d'athlète et tout ce qu'il croyait nécessaire au bonheur, il vivait un enfer.

Au cours de cette soirée, il venait de faire un pas de géant, il venait de se tourner enfin vers lui. Il fermait la porte à toutes ses justifications pour se retrouver face à son pire ennemi dans les circonstances : lui-même.

Au fil des soirées, Sam s'est transformé. Bien sûr, il a eu ses moments de révolte, de surpuissance, de retour à ses instincts rebelles. Il en est venu à penser que sa vie était devenue une faillite totale. Il a senti l'humiliation de s'être ainsi mis à nu devant nous, mais l'aveu de son impuissance s'est tranquillement transformé en fondation solide pour une nouvelle vie. Calmement, Sam a ouvert son esprit et a commencé à suivre le voyage organisé par les mots de Monsieur Thée ainsi qu'à partager avec nous sa souffrance, ses joies et surtout son grand soulagement de ne plus être isolé dans une prison qu'il avait lui-même construite, cimentée et fermée à clé.

E lle

C'est par un après-midi typique de décembre au Québec qu'elle est arrivée. Un samedi, journée de courses folles, de neige fine sur les trottoirs, de décorations de Noël qu'on ne voit plus parce qu'elles sont là depuis trop longtemps.

Elle est arrivée les joues et les mains rougies.

Je l'appelle « elle » parce qu'il en a fallu du temps avant que nous finissions par connaître son nom. Elle a commencé par nous dire qu'elle était l'épouse de Marc-Antoine, le directeur de l'école secondaire du quartier. Elle était la mère de Félix, vous savez celui qui a gagné le Méritas, « élève de l'année » en juin dernier. Elle était aussi mère de Geneviève, renommée pour ses exploits en natation. Elle était l'infirmière du Dr Melançon, spécialiste en perte de poids et en gommage de bourrelets.

Son père, Armand, avait participé à la construction de l'aréna, son grand-père, maçon de métier, s'était vu confier le mandat de l'église. Il y avait aussi sa mère, ses sœurs et ses voisins.

Un soir, l'idée m'est venue que cette femme finirait par mourir sans que nous sachions quoi que ce soit d'elle.

Dans ses écrits, nous nous sommes vite rendu compte qu'elle avait une obsession : celle de bien remplir ses rôles d'épouse, de mère, d'infirmière, de fille, de voisine. Il aurait fallu un « anti-sudorifique » pour le papier tellement ses mots transpiraient du désir de plaire.

Le samedi de son arrivée, j'ai éprouvé des difficultés à cerner cette personne afin de savoir si elle avait un cœur bien à elle, si ses mains gelées lui faisaient un peu mal, si elle avait une vie en elle où si elle avait fait don de tout son être aux autres.

Pendant deux heures, elle a parlé, écrit sur les amours dans sa vie, ses bonheurs extérieurs. Si Sam était arrivé en accusant sans cesse les autres de ses malheurs, « elle » par contre avait l'immense certitude qu'elle était heureuse grâce aux autres. Elle était incapable de voir son visage crispé, ses mains nerveuses, son pied qui se balançait sans cesse.

Cette femme fonctionnait, c'était tout. Je crois que tout en elle s'était transformé pour la bercer de l'illusion qu'elle était heureuse grâce à son conjoint, ses enfants, son patron, ses parents, ses voisins et même grâce à son chien !

Elle faisait peine à voir. Même si j'avais eu un miroir sous la main, je ne lui aurais pas montré son visage. Elle en aurait été pétrifiée.

Vers seize heures, j'ai su qu'elle s'appelait Fabienne. Enfin, elle avait un prénom.

J'ai senti aussi qu'elle devrait décider au cours de la semaine suivante si elle se permettait ou non de se joindre à nous. Elle avait compris vers dix-sept heures, après avoir parlé avec Monsieur Thée et laissé quelques feuilles empreintes de ses mots, que si elle revenait, ce serait pour une transformation. Pas le genre de métamorphose pratiquée par son Dr Melançon qui ne touchait que les chairs vouées à finir dans un sépulcre dix pieds sous terre. Non, elle savait qu'en cas de retour chez nous, elle devrait utiliser le scalpel pour faire de grandes incisions dans ce qui, jusqu'à ce jour, lui avait servi de nirvana.

Si elle était venue prendre le thé chez nous, c'est parce qu'elle avait pressenti que ses bonheurs lui glissaient des mains, tour à tour et que bientôt ce serait le vide total. Elle n'arrivait plus depuis bien longtemps à réchauffer ni son corps ni son cœur tellement les bien-aimés autour d'elle étaient devenus distants, froids et complètement indifférents.

Fabienne n'avait pas de pierre au foie, mais sa foi tranquillement avait sécrété une sorte de roche appelée aigreur où se mêlaient déception, tristesse, désespoir, provoquant une crise de vie nécessitant une intervention que nous appellerons « divine ».

Fabienne nous est restée d'une fidélité incroyable. C'est en travaillant avec nous tous que sagement, elle en est venue à croire qu'en elle se cachait une espèce de Dieu qui pouvait lui redonner une raison de vivre.

Monsieur Thée avait le don de réveiller les morts !

Berny

C'est toujours surprenant, et surtout impressionnant, lorsqu'on voit arriver chez soi quelqu'un qui doit se pencher un peu pour passer le seuil de la porte. Je n'avais vu pareille scène qu'une seule fois, j'étais enfant, c'était un dimanche d'hiver glacial et rempli de neige. Dans la maison nous étions coupés du dehors.

Cet homme nous avait pris par surprise ma mère et moi. Elle préparait son sucre à la crème (le meilleur du monde, croyez-moi) et je me creusais les méninges à pondre une dissertation pour mon amie qui avait besoin d'un coup de pouce afin de réussir son année.

Il a sonné et ma mère est allée ouvrir. Là, dans l'encadrement de la porte, il est apparu. Sa tête touchait presque le cadrage. Il mesurait au moins six pieds cinq pouces – je vous le jure – sec comme un bouleau, sans feuilles s'il vous plaît. Ma mère est devenue très nerveuse. Je ne saisissais pas trop pourquoi, mais lorsqu'il a dit : « Bonjour Paulette, comment vas-tu ? » J'ai compris qu'ils se connaissaient et que son grand étonnement ne venait pas de l'immensité de cet homme, mais plutôt du lien qu'elle avait avec lui.

C'était le frère du père que j'étais sensée connaître. L'étonnement de ma mère, le sourire de cet homme, leurs regards, comme si une onde lumineuse réunissait leurs visages, tout cela m'a fait adopter la position d'observatrice.

Ils ont parlé tout l'après-midi. Ma mère a mis une semaine à se remettre de ses émotions et mon oncle n'est jamais revenu. Il avait dû rejoindre mon père.

Ce soir-là, au salon de thé, ce souvenir a refait surface quand Berny est arrivé. Ma foi, il était encore plus grand que lui parce qu'il a dû se pencher pour entrer. Par contre, il n'était pas sec comme un bouleau, mais énorme comme le tronc d'un chêne de cent quinze ans. Les « feuilles » sortaient de partout ! Il était impressionnant.

Il s'est installé sur un tabouret, tandis que mes yeux trahissaient ma crainte, bien terre à terre, qu'il brise le banc.

Le meuble a tenu le coup ce jour-là de même que toutes les autres fois où Berny est venu partager avec nous. Car il est revenu souvent Berny, très souvent.

Je lui ai offert à boire et à manger. Il a accepté. Je lui ai expliqué ensuite que ce soir-là, notre sujet d'écriture était la fraternité. Jusqu'ici, tout allait bien. Je lui ai offert un crayon et du papier. Il a refusé. J'étais mal à l'aise : pourquoi venait-il à notre salon s'il ne voulait pas participer à nos activités ?

Il a fait son fanfaron durant… durant tout le temps nécessaire pour que Monsieur Thée s'installe à ses côtés. Je les ai observés.

Monsieur Thée a pris une chaise pour se rapprocher de Berny et là, ils se sont apprivoisés tranquillement. Cette soirée-là, je suis presque tombée amoureuse de Monsieur Thée. Il dégageait une telle tendresse, de celle qui gêne malheureusement trop d'hommes. Il offrait à Berny toute sa compréhension et son corps tout entier reflétait cette façon presque enfantine d'offrir son amitié.

On aurait dit que Berny avait crié « Oui, je le veux » à Monsieur Thée, sans qu'aucun son ne sorte de sa bouche.

Ils ont fusionné quelques instants, le temps que Monsieur Thée lui offre son amitié et que Berny laisse tomber son masque de fier-à-bras, de motard sans moto, pour nous dire : « je ne sais pas écrire ». C'était tout ce qu'il nous a dit et c'était suffisant pour que Monsieur Thée explique à Berny que cela n'avait aucune importance.

« Pour participer à notre atelier d'écriture, lui dit-il, il n'y a qu'une seule et unique condition : un désir profond d'aller en toi puiser le Divin qui y habite et de Le laisser guider ta volonté. Le reste n'a pas d'importance mon ami. Je peux t'appeler mon ami ? »

Au sujet du mot fraternité, nous avons vécu plutôt qu'écrit cette soirée-là. J'avais l'impression de vivre une veille de Noël dans le salon parce que tout le monde s'était mis à se comprendre et à s'aimer un peu plus que d'habitude.

Pendant des mois, les mains de Monsieur Thée transcrivirent sur papier les mots qui sortaient du grand cœur de Berny. J'ai toujours pensé que celui-ci avait besoin d'un corps immense pour abriter toute la bonté qu'il avait en lui.

Si Monsieur Thée avait prêté ses mains à Berny, ce dernier est devenu le « gros-bras » du salon. Berny avait trouvé une famille. Pour lui, sa vie s'est transformée en service pour ses frères. Les caisses de thé, de café, les sacs de farine, les meubles à déplacer, la plomberie à réparer, les plafonds à sceller, pour tout cela, Berny nous a prêté la force de ses bras.

Béatrice : la mouette

Je prenais mon thé bien tranquillement au salon quand Monsieur Thée amorça le travail de la journée par une question.

« Marthe, que penses-tu de ces mouettes qui viennent éclabousser de leurs fientes tes sandwiches ou ta tête quand tu es occupée à les admirer ? »

« Je suis déchirée » lui répondis-je, pour ensuite poursuivre :

« Les mouettes sont comme ces hommes que l'on admire parce qu'ils sont capables de pousser des cris enivrants... et cela devant des foules immenses ou devant des admirateurs solitaires, assis sur le bord de la mer. Ce sont des cris de vantardise. Ils se vantent de grands exploits, de voyages, de contrôle total sur leur façon de "voler". Ils sont vantards, c'est certain. Ils se croient maîtres du monde alors qu'ils n'ont jamais acquis la simple maîtrise de leur propre langue. Ce sont des crieurs publics : "Regardez-moi, je plonge, je vole, je sens la mer et vous aimez cela. Admirez-moi dans mes prouesses. Je suis dans le business de poisson, je fais des spectacles dignes de la télévision et je suis certes plus haut que vous. Regardez-moi, je vous domine. Je vole... parfois mon voisin, parfois les idées de grands penseurs, parfois la santé de mes employés. Et alors ? J'ai quand même le dessus sur vous mes..." j'allais dire mes amis, mais la mouette n'a pas d'amis. Elle a un groupe de travail : "je travaille, tu travailles, nous travaillons pour mes profits. Ne m'ennuyez pas avec d'autres stupidités".

Les mouettes, en effet, déversent leur trop plein directement sur leurs subordonnés. Certains se fâchent alors que d'autres rient et vont même jusqu'à les prendre en photo pour de grands magazines.

Nos mouettes ont peur et c'est cela que je vois. Elles ont peur de ne pas trouver assez de poissons pour survivre. Elles ont peur que les bateaux de croisière ne leur déversent plus leur nourriture. Elles ont peur que les hommes sur la plage ne les admirent plus et ne laissent plus traîner leurs ordures pour les nourrir. Elles ont peur de te parler, de se nourrir de divin et tu sais pourquoi ? Parce que ça ne fait pas très professionnel en tant qu'homme fort et maître du monde. Ceux qui leur ressemblent s'occupent de combler leur vie de besoins immédiats : manger (trop souvent leur prochain), voler au-dessus du monde pour se sentir supérieurs et déverser leur trop plein sur la tête des autres, parce qu'ils sont en position de le faire.

Il faut être patient avec "ces mouettes" et leur donner le temps d'évoluer un peu. Elles sont tristes à voir. Elles ne connaissent pas leur condition. Elles ne savent rien faire d'autre que crier, bouffer et évacuer dans la vie. Elles sont tellement limitées mais elles se croient maîtres du monde parce qu'elles font de bonnes affaires dans le poisson. Il faut être patient avec les mouettes, Monsieur Thée. Elles finiront par s'en sortir quand elles se rendront compte qu'il y a de quoi les nourrir pour l'éternité ».

C'est là que Béatrice est arrivée, prétentieuse, l'air hautain. Elle était directrice d'une grande société de produits de beauté. Et après ? Elle ne sentait pas le parfum, mais plutôt la prétention à plein nez. Si la peur amène certains hommes à fuir la foule pour ne pas se sentir étouffés, elle au contraire voulait tous les hommes à ses pieds pour se faire admirer, idolâtrer et pour arriver à oublier sa très grande peur de la solitude.

C'était une vraie mouette, dans tous les sens du terme. Cependant, à force de fraternité, d'écriture, d'échanges, cette femme d'affaires est devenue notre amie à tous. Elle aurait pu s'appeler Marc, Johnny, Berthe ou Madeleine. Il existe sûrement quelqu'un pour chaque prénom de la planète qui souffre comme elle de ce syndrome : le « besoin compulsif d'être entouré d'humains ». On parle souvent de buveurs, de joueurs ou de mangeurs compulsifs, cependant l'on fait rarement mention de cette obsession à rechercher l'attention des hommes.

Béatrice en souffrait au même titre qu'un héroïnomane souffre de sa dépendance. Chaque fois qu'elle arrivait au salon, son corps envahissait la pièce, son rire nerveux et son timbre de voix élevé criaient « écoutez-moi ». Elle demandait de l'attention par tous les moyens : par les histoires qu'elle racontait, la façon théâtrale dont elle lisait ses textes, sa manière de s'habiller, ses exclamations sur tout et sur rien, ses pleurs, ses prestations de grande vedette. Tout en elle criait « regardez-moi, écoutez-moi, intéressez-vous à moi ». Elle se disait extravertie, émotive, sensible. Je la pensais hyperactive, dansant toujours d'un pied sur l'autre, remuant bras et jambes dans toutes les directions sans arrêt. Elle se disait pleine d'énergie. Moi je décelais une grande nervosité. Elle se serait immolée sur place pour un peu d'attention. C'était pathétique. Elle se croyait intéressante.

Un samedi matin, près de deux ans après son arrivée, je nettoyais le salon avant l'ouverture. Elle a frappé à la porte. J'ai senti son désir pressant de parler. Alors, j'ai laissé les taches sur le four que j'étais en train de nettoyer et je l'ai écoutée, elle en avait besoin.

« Depuis cinq heures ce matin, je marche sous la pluie, dit-elle. C'est comme si l'eau nettoyait mon intérieur Marthe. J'ai passé en revue mes forces, mes faiblesses, mes défauts, mes blessures, mes peurs. J'ai eu pendant quelques heures une vision de moi si réaliste et si sobre. J'ai fait une sorte de bilan, c'est cela qui m'est arrivé sous la pluie et je me suis sentie libérée. »

À partir de ce jour, Béatrice n'a plus été la même. Son besoin compulsif d'attirer l'attention s'est modifié, pas d'un seul coup, mais doucement, tranquillement. Sa grande dépendance s'est transformée en autonomie. Son obsession personnelle a fait place au besoin d'être utile aux autres.

Béatrice a écrit pendant des soirées et des soirées entières, profitant de chaque mot, chaque phrase de Monsieur Thée pour en faire une occasion d'apprendre.

Cette femme aux allures de tempête s'était métamorphosée en lac profond et paisible.

Si vous ne croyez pas aux miracles, après avoir vu les changements chez Béatrice, moi j'y crois !

Deprah : l'homme sans peur

Il disait qu'il venait de loin. Il tenait un caillou qu'il balançait d'une main à l'autre pour montrer qu'il n'avait peur de rien, absolument rien. Il mimait la bravoure comme on mime un sourire accompagné d'un « bonjour, passez un bon week-end ».

Son métier de poissonnier avait imprégné sa peau d'une odeur de mer – mon odeur préférée – et cela m'attirait comme un aimant. J'avais l'impression que son corps m'invitait à un voyage sans frais près du fleuve.

Je me suis mise à le fixer. Certains disent que c'est impoli, moi je crois qu'ils n'ont rien compris. Lorsque je regarde quelqu'un fixement, c'est pour entrer en contact avec la partie de lui que je ne saisis pas. Je le dévisage jusqu'à ce que je comprenne. C'est pour cela que j'ai scruté celui qu'on appelle Dieu depuis si longtemps.

Cet homme sans peur me fascinait. Je voyais bien la femme qui l'accompagnait, mais je n'avais pas envie d'être polie et je l'ai ignorée. Il m'arrive de ne pas faire le bien que je dois faire.

C'est donc avec l'homme que j'ai pris contact, cet homme qui sentait le bon poisson et qui tenait toujours sa pierre en main. Qui s'apprêtait-t-il à frapper ? « Frappez et on vous ouvrira ». Il croyait que si vous le frappiez, lui, avec ce caillou, vous ouvrirait le crâne.

J'avançai vers lui et lui demandai sans crainte : « c'est votre amie qui vous accompagne ? »

La réponse a été longue à venir, mais elle est arrivée, surprenante et déroutante.

« Sachez Madame que je ne suis l'ami de personne parce que l'amitié est trop étouffante. Chaque fois qu'un ami vous aime, vous êtes pris à la gorge. L'amitié vous cloue sur place comme un scaphandrier emprisonné dans son habit, esclave de celui qui lui fournit l'air sur terre. Être libre totalement, c'est ne pas aimer. Chaque fois qu'on aime, on perd sa liberté, toujours un peu plus. C'est une bataille entre l'amour et la liberté. »

« Pourquoi tenez-vous cette pierre à la main ? »

« Pour pouvoir me défendre contre l'amour des hommes. Je veux rester indépendant. Dieu m'a donné le libre arbitre et je ne veux pas le perdre au détriment d'hommes qui ne veulent pas le bien. »

À la fin de la soirée, je l'ai invité à marcher sous la pluie. Nous avons créé un lien. J'ai compris sa pierre, sa peur, sa hantise d'être étouffé. Si je le comprenais, c'est parce que j'avais déjà vécu dans son monde.

Par la suite, nous avons discuté pendant des heures et des journées entières, oubliant de manger ou de dormir, nous dévoilant nos secrets les plus intimes. Tout y passa : nos histoires, nos deuils, nos envies, nos torts, nos haines, nos désirs de l'au-delà avant la fin du trajet... Nous nous sommes raconté nos vies et ce fut une sublime délivrance.

Après plusieurs jours de ces échanges, je me demandais s'il avait envie de partir avec moi pour un voyage vers l'infini, dans la vraie Vie ? J'ai osé le lui demander. Il m'a dit oui. Une seule condition s'imposait : rester libres tous les deux, libres de se diriger où l'on voulait, sans contrainte ni obligation.

Je lui ai expliqué que sa pierre trop lourde l'empêcherait de voler. Il a accepté de la jeter et m'a demandé si je voulais être son amie.

Il sentait bon la mer, je me suis approchée pour partager avec lui le feu brûlant de passion que je ressentais. La mer et le feu ont fusionné…

Qui a dit qu'il fallait toujours suivre les consignes ? Qui a dit que le feu et l'eau n'étaient pas des amis ? Ne croyez jamais les « on-dit ».

Il s'appelait Deprah. Il était indien. Il devint mon grand, mon très grand ami et aussi mon amant.

Valère

À cause de ses quatre-vingt-trois ans, Valère nous est arrivé un peu abîmé dans son corps, mais certainement pas dans son esprit.

Il disait souvent « c'est pas facile de vieillir les jeunes ! ». Il m'arrivait certains jours de ne pas le croire en pensant qu'il avait de la chance car il verrait bientôt « l'autre monde – l'état d'être sans corps ». Cependant, trop souvent, en voyant son corps se raidir de douleur, parce que sa hanche criait sa fragilité, en regardant ses mains tremblantes lorsqu'il serrait nos joues pour nous embrasser, en voyant une sorte de voile devant ses magnifiques yeux bleus qui désiraient tellement revoir le corps de la femme qu'il avait tant aimée, je le croyais : non, ce n'est pas facile de vieillir.

Il avait un peu aimé la vie et il voulait que nous l'aidions à en retrouver les bons souvenirs. Seul, il n'y arrivait pas. Il avait en lui cette amertume qui brouille la vue du beau. Il ne savait pas qu'en écrivant, il pourrait se servir du papier pour enlever la buée de ses lunettes. Moi je le savais et je l'ai fait pour lui.

Certes, il avait de bons souvenirs : sa femme, ses enfants, ses amis, le bon vin, mais il avait aussi en lui une espèce de monstre dont il devait absolument se débarrasser avant le grand voyage dans l'autre vie. Cet homme avait vécu la guerre. Il en avait fait des cauchemars, il avait pleuré, crié, il avait eu si peur, mais il n'en avait jamais parlé. Il ne voulait pas « partir », comme il disait, sans transmettre ce qui s'était passé. Il fallait à tout prix que l'humanité sache et n'oublie pas ce qui était arrivé.

C'était pénible pour nous de l'entendre raconter ses histoires. Nous avions envie de lui dire « arrête, tu rabâches ton passé ». En fait, nous étions épouvantés à l'idée de vivre le reste de nos vies en sachant justement ce qui s'était passé : les morts, les tortures, les enfants, la haine, l'horreur.

Quand nous avons compris que nous refusions un héritage précieux, celui d'une partie de l'histoire de l'humanité, nous nous sommes assis et nous avons écouté ce qu'il avait à nous léguer.

Alors il nous a parlé …

… de ces Allemands, « des hommes comme vous et moi » nous avait-il dit. Un soir, il avait dû tirer sur trois d'entre eux pendant qu'ils mangeaient leur soupe, en camisole, après une dure journée ! Parce qu'on le lui avait ordonné, il avait tiré sur des hommes qui ne faisaient rien de mal : « Ils mangeaient leur soupe en camisole » nous a-t-il répété plusieurs fois « et moi j'ai tiré sur eux ».

… de ces enfants de la guerre qui avaient faim. Ils se choisissaient un « parrain » soldat qui leur fournissait nourriture, couvertures, mitaines, un homme qui prenait un peu soin d'eux. Les jours de grands combats, ces enfants attendaient leur sauveur toute la journée. Au retour, certains gamins lavaient les bottes pleines de boue de leur héros, d'autres passaient leurs mains fines sur le visage du soldat pour qu'il n'oublie pas la tendresse. Les moins chanceux pleuraient toutes les larmes de leur maigre corps parce que leur dieu en uniforme n'était pas revenu…

… de ses ongles arrachés et de ses bouts de doigts ensanglantés parce qu'il avait gratté le ciment du pavé sur lequel il était étendu, face contre terre, par peur des bombes qui hurlaient la menace. La frayeur de mourir à vingt ans, dans les cris d'horreur, dans le bruit des mitraillettes, sans que personne ne sache que vous avez eu si peur...

… et aussi de ce qu'il disait avoir vécu de plus terrible : la faim. Il nous disait qu'elle était plus pénible à supporter que la balle qui avait pénétré son corps.

Pour terminer cette histoire d'horreur, le retour à la maison : vingt-six ans, sans argent, ni métier, ni femme et surtout, isolé par l'indifférence des siens, l'arrogance des gens dans la rue et le surnom de « gazé » qu'on lui donnait, signifiant que la guerre l'avait dérangé mentalement.

Il nous a parlé longtemps de ces horreurs. Il voulait nous faire savoir de quoi l'homme était capable.

Un soir d'automne pluvieux, ensemble on a parlé de prière. Il pensait que je l'aurais ridiculisé. Au contraire. C'est là que je lui ai exprimé ma profonde admiration pour une prière toute particulière qui dit « … pardonnez-nous nos offenses comme nous pardonnons à ceux qui nous ont offensés… » Il a éclaté en sanglots.

Je ne voulais pas le faire pleurer de la sorte. Je voyais dans ces pleurs son incapacité à justifier les horreurs humaines, à mettre un voile définitif sur ces atrocités auxquelles tant d'hommes ont participé mais que personne n'a désirées.

C'est chez lui, seul dans sa chambre, qu'il s'est abandonné totalement à Celui qui soigne les blessures des âmes en consentant à sa propre guérison – par le pardon. Le grand Guérisseur a fait son œuvre parce que Valère a fait la sienne : il a humblement demandé que la paix lui soit rendue pour l'humanité entière. Demandez et vous recevrez.

Maryse

Elle incarnait le rêve, elle était rarement dans la réalité. Nous aimons tous croire que si nous avions nous-mêmes écrit le scénario de notre vie, nous aurions certainement mieux réussi que le grand Metteur en Scène. Chez Maryse, c'était pire. Elle avait à peine quarante ans. Tout le monde voulait l'aider, sauf elle-même. Avec cette femme, j'ai compris que dans la vie, pour s'en sortir, il faut d'abord le vouloir.

C'était un peu comme si rien d'autre que sa misère ne l'intéressait. Difficile à admettre, mais ce fut ma conclusion après plusieurs mois passés à ses côtés. Au départ, Maryse arborait un sourire, pas aussi éblouissant que celui des publicités, mais un sourire quand même. C'est lorsqu'elle commençait à parler que le malaise s'installait. Elle nous racontait un par un tous les drames de sa vie, mais est-ce nécessaire que je vous les relate à mon tour ? Ce sont toujours les mêmes. En Amérique du Nord, les drames sont les divorces, les pertes financières, les maladies, la mort. Ailleurs, ce sont la violence, la famine, la dévastation, les guerres internes, la torture…

Maryse était prise dans une sorte de piège et chaque fois que quelqu'un voulait l'aider à s'en libérer, il se heurtait à son refus.

Son malheur tenait moins à ses épreuves qu'à son refus total et catégorique de toute aide pour en sortir. Elle était figée, comme prise dans l'étau d'un cercle dont tout le monde s'épuisait à vouloir la tirer, alors qu'elle restait bloquée dans son univers de misère qu'elle connaissait bien. Elle préférait la sécurité de son enfer à l'inconnu d'un monde meilleur. Croyez-le ou non, la liberté est une des choses les plus difficiles à conquérir sur cette terre.

Maryse en était là. C'était son monde. En ce jour de fête, je l'écoutais raconter ses misères à tous et chacun, passant d'une histoire triste à une autre. Jour de fête ? Elle ne connaissait pas la signification de ce mot.

Je l'observais du coin de l'œil, tout en priant l'Univers de venir la délivrer de cette prison dont elle n'était pas encore décidée à sortir.

Prier, c'est tout ce que je pouvais faire pour le moment.

Depuis la perte d'autonomie de son conjoint atteint d'une maladie dégénérescente, elle vivait dans un monde à elle, repliée sur elle-même, comme un ver niché dans un chou. On aurait dit par moment que le fil qui la connectait à la vie était débranché.

Le suicide aurait été trop facile. Elle se mutilait donc par des insomnies interminables, des nuits d'horreur, des angoisses d'une violence de neuf à l'échelle Richter, des descentes aux enfers régulières et sans répit.

Maryse ne se donnait plus le droit de faire des folies, de rire, d'avoir du plaisir. C'était fini. Comment, dans ce cas, aimer un tant soit peu la vie ? Impossible.

Elle s'était réfugiée dans un monde de confusion où à chaque seconde, chaque respiration, une idée nouvelle lui traversait la tête. Son cauchemar, c'était sa tête qui n'arrêtait jamais de fonctionner, comme une drogue martelant chaque cellule de son cerveau. Y a-t-il un nom pour ce genre de maladie ?

Elle m'avait déjà mise en colère. Un soir où nous avions passé quelques heures ensemble, j'avais tenté par tous les moyens de la réveiller. Toute la soirée, elle avait adopté sa technique de collage. Elle accolait les mots les uns aux autres, des mots polis pour dire « quel bon souper, chère Marthe», « la vue de ton appartement est magnifique », « la nourriture excellente », « chère amie, que de douceurs ! ».

J'avais eu envie de lui hurler que l'existence n'était pas faite de douceur en cet instant, que ma vie consistait à la regarder sombrer sans pouvoir rien faire. J'étais totalement impuissante et vaincue.

Je l'ai raccompagnée chez elle. Elle est restée dans le noir, jusqu'au trottoir de sa maison, jusqu'aux jardins intérieurs, jusqu'aux portes de l'enfer qu'elle s'était créé par … abandon, elle avait abandonné l'envie de vivre.

Elle survivait, sans plus. Personne, ni Dieu, ni ange, ni diable, ne pouvait rien y faire. J'avais osé imaginer que moi, j'aurais pu l'aider et j'enrageais face à mon incapacité. Ma grande envie de la délivrer de sa souffrance, mon obsession de la réveiller pour qu'elle reprenne goût à l'existence, le marteau que j'avais brandi pour la remettre dans la réalité, rien, absolument rien n'était venu à bout de son mutisme.

Comme j'aurais voulu à cet instant pouvoir la soulager de sa peine, comme j'aurais voulu vivre une journée à sa place afin de lui laisser un répit, comme j'aurais aimé qu'elle bénéficie de ma nuit pour la voir reposée au petit matin.

En quelques heures, ma colère s'était transformée en une immense impuissance, en chagrin. Si j'avais pu, j'aurais pleuré ce soir-là.

En cette journée anniversaire du salon, elle est venue. Enfin, son corps était présent…

C'est avec joie qu'en ce jour d'anniversaire je me souvenais de chacun d'eux. La salle était comble de ces personnages qui ressemblaient à Sam, à Berny, à Valère. J'étais fière d'eux. Je les aimais tellement. J'étais aussi heureuse de mon œuvre, celle d'avoir été le lien entre ces hommes et Monsieur Thée. En échange, Monsieur Thée m'avait permis de me réconcilier avec l'humanité. Il avait été mon nouveau lien avec notre monde. Il m'avait permis la réalisation d'un très grand rêve : ma cathédrale. Je l'avais là, sous les yeux.

Au fil des ans, j'avais présenté à Monsieur Thée des dizaines et des dizaines d'hommes et de femmes. Chacun avait son histoire. Des individus courageux, qui avaient entrepris la plus belle tâche du monde, celle de se retrouver eux-mêmes, de se recréer, de sortir de l'enfer d'une pensée mécanique et compulsive pour entrer dans le paradis du monde des divines prises de conscience. Ils avaient trouvé en eux le Créateur et avaient accepté de participer à son œuvre.

Si j'avais permis à Aurelio de faire taire ma voix pendant des années, si je l'avais laissé accomplir son œuvre de destruction, de domination et d'étouffement, par contre, avec Monsieur Thée, j'avais adopté un lien tout autre, une relation d'affection, d'union et surtout de liberté.

Dans la vie, on ne choisit pas nécessairement la corde qui nous étouffe, mais on peut décider de descendre de la chaise pour éviter la pendaison !

La vie valait la peine d'être vécue. C'est la conclusion à laquelle j'étais arrivée.

***

J'ai commencé à écrire ce récit en vert, couleur de l'espoir, en espérant que le texte sortirait sanctifié de ma plume.

Dans ces histoires de guerres, rien n'est blanc ni noir ni rouge sang. Chacun interprète à sa façon, selon ses propres valeurs. L'histoire serait différente si Monsieur Thée vous la racontait ou si Aurelio prenait le micro devant une foule rassemblée à l'hôtel de ville, mais aujourd'hui, c'est moi qui palpe le papier, qui tourne le crayon dans ma main pour finalement le stabiliser dans ce mouvement de rondeurs, de barres sur les T, de longueurs pour mettre vert sur blanc mon intention d'instruire le monde sur ce qui s'est passé.

Nous étions à la cour pour faire le procès de ces événements qui venaient de marquer notre ville. Les journalistes étaient là, ainsi que le juge, le greffier, les avocats et l'accusée… moi, en personne, car une accusation de « négligence criminelle causant la mort » avait été portée contre moi.

Monsieur Thée était absent. Pour toujours. Je le reverrais peut-être à ma mort. Était-il parti me préparer un bout de Paradis, à côté du sien ? Je pleurais son absence tous les jours. La nuit, je vivais de l'angoisse, tellement il me manquait. J'aurais voulu qu'il ait droit à une reprise, mais on ne rembobine pas le film d'une vie pour en découper les événements malheureux.

J'étais assise au banc des accusés. Mon corps chaud, épuisé du voyage, réchauffait le bois froid. Mon cœur était triste, si triste depuis le départ prématuré de Monsieur Thée, lui qui venait à peine de naître dans ma vie. Pendant sept ans, j'avais pu l'aimer, être son amie, être heureuse de cette relation riche et sans prix. Je ne pouvais plus vivre sans lui. Je n'en avais plus le désir.

Ma tête se portait bien. Je faisais preuve d'une logique à faire l'envie d'un psy : « c'est mieux ainsi »… « La vie après la mort, c'est si beau n'est-ce pas »… « Les épreuves permettent de grandir, etc. ». Des paroles vides !

Mon cœur était blessé, mais il survivrait à ce coup du destin. J'en avais vu d'autres au cours de ma vie. Je pouvais me montrer tête haute au grand public. Mon cœur m'appartenait. Personne n'y avait accès et c'est ce qui me tenait en vie.

Certains soirs, je me reliais à mon ami disparu en silence, en regardant ses photos. Je caressais le papier, j'embrassais ses cheveux, je le prenais dans mes bras, non, plutôt dans ma main.

Les photos sont moins grandes que la réalité si dure à subir. Oui, mon cœur était blessé, mais grâce aux photos, il survivrait à ce coup dur.

Mes mains esquissaient des mailles en tricotant pour passer le temps, elles faisaient des gestes en parlant, elles concoctaient des plats en cuisinant. Même si, depuis le départ de Monsieur Thée, elles ne voulaient plus toucher personne, pour le reste ça allait. Mes mains se portaient bien.

C'était mon âme qui ne voulait plus continuer à habiter mon corps. Voilà ce qui m'arrivait. C'était un combat entre deux entités qui étaient devenues étrangères l'une à l'autre, comme deux mondes à part : un corps meurtri jusqu'à la moelle et une âme qui ne le reconnaissait plus.

Le juge m'a ramenée sur terre en me demandant : « Madame, racontez-nous les faits. »

Comment lui expliquer le rôle que Monsieur Thée avait joué dans ma vie et dans celles de centaines d'amis venus au salon de thé pour y chercher un sens à leur existence ?

Arriverais-je à lui faire comprendre la fraternité qui s'était créée dans ce petit lieu sans ornement où les âmes s'ouvraient devant un mot, une phrase jetée dans la pièce, comme des clés donnant accès à un tunnel menant à une lumière inconnue jusqu'à ce jour ?

Pourrais-je rendre justice à la vertu de Monsieur Thée qui nous avait permis de saisir qu'en chacun de nous se cachait un monde divin, habité par un grand Sage faisant partie de nous au même titre que notre cœur qui bat et que notre cerveau qui émet des ondes ?

Verrait-il toute la valeur de l'enseignement que Monsieur Thée nous avait offert, gratuitement, pour nous permettre de libérer toutes les richesses qui nous habitaient ? Il nous avait appris que la clé de notre prison se trouvait dans les mots, les phrases qui nous donnaient la possibilité de libérer en nous ce Divin tenu si étroitement enfermé depuis des siècles.

Monsieur Thée nous avait ouvert une voie que l'on nomme « liberté de penser ». Il nous avait permis de puiser dans notre prison intérieure toute notre richesse, cet or pur qui résidait en chacun de nous.

Comment expliquer ce qui avait tué Monsieur Thée ? Ce n'était pas le feu qui s'était déclaré dans la bâtisse, ni un accident. Ce qui l'avait tué, c'était le poignard mesquin et cruel d'un homme, qui voulait garder en son pouvoir l'esprit d'un autre. Ce qui avait tué Monsieur Thée, c'était l'orgueil d'un homme qui avait voulu avoir raison.

La dernière scène d'horreur revenait sans cesse me hanter. J'aurais tant voulu que ce ne soit qu'une pièce de théâtre sur laquelle on peut baisser le rideau. Mais cette scène est restée marquée dans mon cerveau comme une tache de naissance, plutôt une tache de mort. Je devais tout faire pour me calmer et raconter les faits comme je les avais vécus, c'était tout ce qu'on me demandait.

Devant une salle comble, je les ai lentement exposés.

Je commençai par signaler au juge que j'avais été la maîtresse et l'employée du maire de notre ville, Aurelio Gallo, pendant longtemps. Je l'avais quitté quelques années plus tôt pour des raisons personnelles qui n'avaient rien à voir avec ce procès. Je tentai d'expliquer que, depuis ce temps, Aurelio passait pour la victime de cette décision insensée de les quitter, lui et sa ville. Pendant qu'il vivait à fond son drame, il pouvait à son aise tromper tout le monde grâce à son air de victime et jouir ainsi de la liberté de détruire ce qui le rendait malade : moi et le salon de thé que j'avais décidé d'ouvrir avec Monsieur Thésaratopoulos.

« Madame , me dit le juge, je vous prie de vous en tenir aux faits. Évitez toute interprétation personnelle. »

Je poursuivis donc :

« J'ai quitté Aurelio Gallo, mon amant, mon employeur et maire de la ville, il y a quelques années. J'ai ouvert avec l'aide de Monsieur Thésaratopoulos un salon de thé afin de permettre aux gens de notre ville de venir y écrire, de partager leurs expériences et de pouvoir discuter de sujets divers. Le but de ces rencontres était de provoquer des conversations enrichissantes. Pendant six ans et quelques mois, Monsieur le juge, tout s'est déroulé à merveille. Le salon a fonctionné à pleine capacité.

Tout cela a suscité l'envie, la jalousie, la rancœur chez des gens déséquilibrés, des gens ignorants… »

« Venez-en aux faits, Madame ».

« Le soir du 4 janvier de cette année, nous travaillions au salon lorsqu'une trentaine de personnes ont commencé à faire du grabuge devant la vitrine pour manifester leur désaccord sur la présence de Monsieur Thésaratopoulos dans notre ville. Nous savions qu'il était l'objet de la méfiance publique depuis que le maire, Aurelio Gallo, avait fait paraître un article nocif à son sujet dans le journal local. Cet article minait la crédibilité de Monsieur Thésaratopoulos, laissant planer un doute au sujet des orientations sexuelles de ce dernier, insinuant qu'il éprouvait de l'attirance pour les enfants. Jamais nous n'aurions imaginé que des propos aussi grossiers pouvaient être pris au sérieux sans que l'on en vérifie l'exactitude.

Ce soir-là, devant le salon, la foule criait "sortez de la ville — laissez nos enfants tranquilles" – et elle cognait dans la vitrine du salon. Sous la violence des coups, la vitre a éclaté. Les gens sont entrés en vociférant. Jamais je n'avais été témoin d'une telle violence. C'est alors que Berny, un habitué du salon, s'est placé devant Monsieur Thésaratopoulos pour lui servir de bouclier et le protéger de cette brutalité. Cela n'a pas suffi à calmer la foule en colère.

Le vent s'est engouffré par la porte grande ouverte et les papiers ont volé dans toutes les directions. Certains ont atterri dans le calorifère qui chauffait à pleine capacité en ce jour de janvier. Le feu s'est déclaré. Monsieur Thésaratopoulos était coincé entre le dos de Berny qui voulait bien faire et le mur où le calorifère crachait le feu. Il était pris au piège. Quelques secondes ont suffi pour que cette situation se métamorphose en scène d'horreur et le transforme en torche vivante !

Les vociférations des manifestants se sont converties en cris d'épouvante lorsque la foule a vu le feu. Ceux qui se trouvaient sur la ligne de front ont voulu rebrousser chemin alors que les autres, inconscients du danger, tentaient toujours d'entrer. La panique s'est emparée de tous. En quelques minutes, la bâtisse était en feu. Nous nous trouvions face à une scène d'apocalypse. Impuissants, Berny et moi regardions notre grand ami dévoré par les flammes. Impossible de lui porter secours !

Pompiers, policiers, ambulanciers sont arrivés quelques minutes plus tard pour mettre fin à son supplice.

Quelques personnes ont été gravement blessées, d'autres plus légèrement. Certaines ont eu la peur de leur vie. Monsieur Thésaratopoulos, quant à lui, est décédé une semaine plus tard des suites de ses blessures.

Telle est ma version des événements qui se sont produits le 4 janvier de cette année, Monsieur le juge. »

Pendant trois jours, des dizaines de témoins ont défilé devant le juge afin d'apporter comme moi leur relation des faits. Nous aurions pu écrire dix romans différents.

Pourquoi faut-il toujours trouver un coupable dans les histoires d'horreur comme celle qui s'était déroulée au salon de thé ?

Ce matin-là, sur le banc des accusés, je ressentais une angoisse terrible. C'était comme un étau intérieur, m'enserrant la gorge et se répandant dans mon être tout entier. Cette sensation ne s'oublie jamais. J'attendais le verdict. Comment pouvait-on m'accuser, ne serait-ce qu'un instant, d'avoir été la cause de ce cauchemar ? Comment osait-on me poursuivre, me harceler de la sorte, m'accuser de négligence criminelle ?

Le juge devait deviner mes pensées à ce moment-là car je l'ai entendu prononcer les mots suivants : « non coupable ». La charge de négligence criminelle qui pesait sur ma tête était retirée.

Je me suis retrouvée dans les bras de Deprah, qui répandait sur ma veste toutes les larmes de son corps. Le mien était à sec. Tout ce que j'ai éprouvé, à ce moment, c'est une nausée profonde face à ce cirque inhumain.

À la sortie de la cour, une foule m'attendait. Maintenant que le juge avait statué « non coupable », les gens pouvaient se montrer aimables. J'aurais bien voulu savoir qui, dans cette multitude rassemblée devant le palais d'injustice, avait osé lever la main en ma faveur pendant toute la durée du procès.

« Objection » s'écria une voix en moi. « Objection, ma chère Marthe. » Les citoyens de ma ville étaient venus me supporter, un peu tard je dois l'admettre, mais ils étaient là. Des gens simples qui n'arrivaient pas à être méchants. Inconscients seulement. Les gens sont ainsi faits et ceux de ma ville sont semblables à ceux de Genève, de Nazareth ou de Paris.

J'aurais dû leur être reconnaissante pour leur soutien mais j'étais trop épuisée pour éprouver quelque sentiment que ce soit.

La tempête était maintenant passée.

Comme après un enterrement, je me suis retrouvée avec mes précieux amis à prendre un goûter et un café. Nous parlions tous en même temps des événements qui nous avaient tant bouleversés.

J'ai passé la nuit à me questionner sur le sens d'une histoire aussi horrible, tentant de trouver un coupable, un responsable.

Je cherchais la trame d'une vie décousue. J'aurais donné un million de dollars pour revoir Monsieur Thée, ne serait-ce qu'une heure, même une minute, une seule. J'aurais organisé une campagne de levée de fonds, dirigé une croisade de souscription à la fondation : « Recherchons Monsieur Thée ». J'aurais traversé le pays à pied, organisé un pèlerinage, n'importe quoi pour revivre une heure avec lui, pour qu'il m'explique le sens de cette mauvaise farce. Je poursuivrais en justice l'inconnu qui m'avait laissée nue avec ma honte. Oui, j'avais maintenant honte de ne plus avoir envie de continuer.

Voilà où j'en étais. Je voulais travailler pour le diable, le plaisir, la tranquillité, le repos, l'isolement.

J'étais si seule, sans Monsieur Thée, sans mon salon de thé. Je n'avais plus rien, plus personne.

J'étais complètement dépouillée.

Le lendemain, j'ai demandé à rester seule pour pouvoir hurler ma rage et pleurer ma peine.

Une fois la crise passée, je me suis arrêtée pour mettre un écriteau à la porte de mes pensées : « Ne pas déranger s.v.p., sauf pour bonnes idées ». Ces pensées n'avaient aucun savoir-vivre, il me fallait les remettre en ordre et leur imposer des priorités. « Un instant s.v.p. Avez-vous payé vos droits d'entrée pour envahir ainsi mon espace privé ? »

Je ne voulais pas me laisser entraîner dans des jugements, c'était trop facile. Je ne voulais pas non plus ruminer ni rouler un par un les participants de ce drame dans la boue de mon ivresse mentale.

Je ne voulais pas m'ériger en juge et bourreau, c'était trop naturel, ça ne demandait aucun effort.

Je voulais m'imprégner de l'esprit de Monsieur Thée.

Lui aurait trouvé au moins sept bonnes raisons de garder son calme, de ne pas participer de près ou de loin à une orgie d'accusation, de vengeance et d'assassinat de réputation.

Sobriété : voilà le mot d'ordre que je voulais garder à l'esprit. Si la peine demeurait, si la douleur était pénible, les émotions n'étaient pas nécessaires. Elles ne faisaient que jeter de l'alcool sur une plaie vive.

J'ai prié très fort pour ne pas garder de rancune.

C'est difficile de se retrouver seule après avoir vécu une telle complicité avec un être aussi riche que cet homme merveilleux. Si j'avais eu le choix, j'aurais préféré qu'on me coupe les deux jambes, j'aurais pu continuer mes entretiens avec lui ; ou encore être aveugle, j'aurais pu me concentrer sur ses paroles. J'aurais tant voulu que ce soit moi qui meure. Y a-t-il une idée plus égoïste ? C'était comme si je disais « j'aurais aimé que ce soit lui qui souffre de mon départ ».

J'étais dans le désert. Cette solitude qui prenait toute la place dans mon cœur et dans mon corps me bouleversait bien plus que le vide de l'emplacement du salon de thé.

Le mal était intérieur, comme si chaque seconde, chaque minute, était remplie de son absence. J'aurais aimé qu'il me parle une dernière fois. Il ne m'avait pas dit adieu. Je n'avais pas eu de dernière conversation avec lui. Je n'avais pas préparé sa mort. Tout cela me faisait souffrir. J'avais beau essayer de me détendre, me dire qu'il était là, quelque part, que son esprit me frôlait, je revenais toujours à cette réalité et j'étais terriblement seule.

J'essayai d'écrire un peu, mais les mots avaient perdu leur sens et les phrases ne pouvaient plus se construire tellement j'étais vide. Plus rien ne montait. Une brume épaisse mettait un voile noir devant la lumière. Mon volcan intérieur s'était éteint. Je devais vivre avec ce vide le temps nécessaire, jusqu'à ce que le feu se rallume. Je souffrais de ne plus être capable de penser de façon cohérente.

J'avais une obsession, celle de remettre en ordre toute l'histoire qui s'était déroulée. Avant toute chose, il fallait faire marche arrière, classer les événements, les étiqueter, les mettre en ordre pour comprendre clairement ce qui s'était passé.

La guerre était survenue par derrière, sans prévenir. Pas de coup de canon ni de signe avant-coureur. Les hostilités ont débuté quelques années après l'ouverture du salon, à une époque où je prenais souvent plaisir à penser qu'enfin mon rêve s'était réalisé, nous formions un groupe d'hommes et de femmes sans race ni couleur ni religion, s'exprimant librement et harmonieusement.

Pendant tout ce temps, Aurelio était resté dans l'ombre, mijotant sa vengeance. En remettant l'histoire en ordre, je pris conscience de ce qu'il avait bien pu ressentir face à mon succès : un salon de thé qui fonctionnait à merveille, une relation privilégiée avec Monsieur Thée et un amour passionné avec Deprah. Sa propre vie était comblée par le pouvoir et la gloire de son poste de maire, candidat au titre de député provincial aux prochaines élections. Son charme lui valait de nombreuses conquêtes féminines. En y réfléchissant plus à fond cependant, j'avais la certitude qu'une ombre salissait ce tableau, me savoir heureuse le rendait fou de rage.

À mon insu, il a organisé une cabale bien orchestrée. Je savais qu'il nous mettrait des bâtons dans les roues, mais je ne m'attendais pas à ce qu'il s'abaisse de la sorte pour arriver à ses fins. Avant le soir du crime, un complice a subtilement préparé le terrain : Grégoire.

G **régoire est arrivé au salon** un soir de printemps, deux ans avant le drame qui a coûté la vie à Monsieur Thée. Si j'avais une étiquette à coller sur son front, j'inscrirais : « manipulateur charismatique ». Je dis « manipulateur » car il avait un don pour influencer les gens et les amener à penser et agir à sa guise. Je dis « charismatique » car il était doté d'un ascendant hors du commun sur ses proches.

Physiquement, Grégoire était un bel homme, grand, costaud, habillé avec goût, un visage viril aux traits carrés. Il avait ce regard profond et mystérieux invitant à le côtoyer et un sourire donnant l'impression qu'il faisait un cadeau. Bref, il avait du charme.

Par contre, sa propension à balancer sans cesse d'un extrême à l'autre dans son comportement nous déboussolait. Il pouvait nous amadouer facilement avec sa voix douce, son rire calculé, ses compliments et ses beaux mots. Par contre, certains soirs, ce cher Grégoire s'infiltrait dans notre travail comme un vrai spécialiste en démolition. Donnant alors la conviction qu'on ne pouvait se sortir seul du marasme de nos vies désorganisées. Ces soirs-là, Grégoire imposait ses idées de façon unilatérale, nous écrasant tous, allant jusqu'à nous ridiculiser, nous humilier et nous dénigrer. On voyait alors se manifester une espèce de démon qui prenait la relève sans aucune subtilité.

Le lendemain, il revenait doux comme un agneau qui a fait une escapade hors de l'enclos, sans excuse, ni explication, ni regret et sans jamais admettre avoir dépassé les bornes.

Un soir, Monsieur Thée nous a proposé de travailler sur le mot « nourriture ». Ce mot a grandement perturbé Grégoire et a tout déclenché.

Chacun apportait son idée – certaines concernaient le plaisir de manger, d'autres la famine dans le monde ou encore la nourriture de l'âme.

C'est là que Monsieur Grégoire nous a déconcertés. Il s'est mis à nous regarder avec des éclairs dans les yeux. Il voulait brûler notre amour les uns pour les autres.

Il nous a alors fait la leçon à sa manière, parlant de notre ignorance à tous. Il n'a pas dit de gros mots, seul son visage exprimait son mépris à notre égard. Certains dans la salle n'ont rien vu et c'est pour cela que Grégoire était un splendide démon. J'avais l'impression d'être la seule à percevoir le changement… et le danger.

Il s'est alors lancé dans un discours sur l'importance d'un cours basé sur l'étude d'un livre intitulé « La voie des grands sages » pour mieux se nourrir spirituellement. C'est cela qu'il attachait au mot « nourriture ». Le cours serait donné au sous-sol de l'église, tous les mardis, à dix-neuf heures. C'est lui qui animerait ces sessions. Il avait reçu ce précieux enseignement directement d'un grand maître nommé Vasassapouna Venisos (curieux, on n'a jamais entendu parler d'un maître portant un nom courant comme Tremblay ou Dupont !). Il voulait nous transmettre ce trésor : une interprétation authentique des vérités contenues dans ce grand livre. Il était prêt à offrir ce magnifique cadeau à qui était assez courageux pour tenter l'aventure.

« Pas onéreux ce cours, seulement 295 $ pour dix semaines ! » Les gens aiment les cours qui coûtent cher. Je ne sais pas pourquoi. Ils ont toujours l'impression qu'il y a plus de bien-être à recevoir dans un cours à 500 $ que dans un salon de thé à 5 $ la soirée, repas et boisson compris. Ce qui est donné n'est pas souvent apprécié.

C'est ainsi qu'après s'être installé chez nous, il a commencé à vanter ses propres cours. Sans gêne, directement dans mon salon, sous mes yeux et en présence de Monsieur Thée !

Le premier piège était tendu, celui du pouvoir par le savoir. Grégoire offrait la connaissance du vrai. Il voulait nous sortir de notre cœur. Il nous incitait à refermer la porte à Celui qui nous habite et à nous enfermer dans une dictature, la sienne. Il serait celui qui dirait ce qu'il fallait penser, faire et dire avec les mots et les phrases imprimés dans le livre. Le problème, ce n'était pas le livre, mais plutôt toute l'autorité de Grégoire.

Il proposait trois heures par semaine pour trouver le paradis dans des feuilles imprimées, grâce à un maître de la pensée qui les amènerait à le suivre docilement. C'était plus facile que de se creuser les méninges avec notre guide qui, finalement, n'avait pas tant que cela à offrir.

Monsieur Thée était dépassé.

Ce Grégoire représentait parfaitement le monde de la domination. Il était l'orgueil incarné parmi les hommes et il leur offrait de penser pour eux. Il se pavanait, faisait étalage de ses connaissances du livre appris par cœur et, surtout, de son interprétation qui était nécessairement « la bonne ». Il se situait aux antipodes de la liberté de penser et d'imaginer que Monsieur Thée nous proposait dans ses leçons.

La guerre s'est alors déclarée dans nos murs, sans que jamais Monsieur Thée n'ait eu la moindre intention de batailler. Il a offert à mes amis la liberté de penser et Grégoire a levé le canon de son arme directement sur lui. Il s'est laissé embobiné par le goût du pouvoir sur les autres, exactement comme je l'avais fait quelques années auparavant. Je savais très bien où Grégoire voulait en venir.

Le serpent tentateur était réapparu !

Les cours de Grégoire ont débuté un mardi soir de janvier. Il s'était installé juste à côté, dans le sous-sol de notre église.

« Pas un drame ces cours », me disaient certains habitués du salon. En un sens, oui, c'était la fin du monde – celui de la liberté de la pensée. Si certains s'étaient aventurés au salon et y avaient trouvé la richesse par le biais des soirées littéraires, ils revenaient à l'âge de pierre en s'abandonnant maintenant à la pensée d'un autre.

Ce cher Grégoire passait pour un saint homme qui voulait délivrer la ville des grands méchants loups que nous étions, Monsieur Thée et moi.

Je savais tout de ce groupe parce qu'Anita y passait la moitié de son temps pour ensuite revenir chez nous. Pauvre Anita ! Prise entre deux feux, vivant toute la souffrance de l'indécision. Les soirs où Anita choisissait nos lieux, j'avais droit à un rapport détaillé sur les faits et gestes de ce regroupement. J'évitais de sermonner Anita, la laissant libre de ses choix.

Ce sont ses comptes rendus qui m'ont permis de mieux connaître notre adversaire. J'ai aussi appris à discerner toute la manipulation mentale derrière cet enseignement de Grégoire.

Anita était déchirée. Un jour, elle me racontait comment, grâce à Grégoire, elle comprenait son rôle dans l'univers ; comment, grâce à ce groupe de privilégiés, elle pouvait transcender toute la bêtise humaine pour appartenir à un monde de loin supérieur à tout ce que nous, simples mortels pouvions comprendre. Puis elle revenait plus tard me partager son malaise face à la critique, l'emprise, les sermons de Grégoire. Il voulait l'aider, bien entendu.

Le temps d'un rêve, Anita était la reine de Grégoire, pour ensuite devenir un pantin qu'il pouvait délaisser à tout moment pour un autre.

Elle craignait de me parler. L'idée que je la trahirais la hantait. Si on apprenait qu'elle se confiait à moi, ce serait pour elle l'humiliation.

Elle n'arrivait pas non plus à cerner pourquoi elle était à ce point troublée. Moi je le voyais. Grégoire disait blanc un jour, noir le lendemain, prétextant qu'elle avait mal compris ce qu'il avait dit, mauvaise interprétation, manque d'intelligence, raisonnement déficient et quoi d'autre ?

Pendant ce temps, il avait le beau rôle : tout le monde buvait ses paroles, exécutait ses volontés, suivait ses judicieux conseils. C'était la preuve de sa supériorité. Pour lui, ces gens avaient besoin de son aide, c'était bien évident.

Tranquillement, les Luce, les Maurice, les Paul et beaucoup d'autres se sont tournés vers son enseignement. Nous les avons perdus. Il leur apportait la sécurité. J'avais l'impression qu'il pratiquait sur eux une lente lobotomie. J'étais triste de voir ces gens se faire dicter leurs sentiments, leur manière de penser et d'agir. Il semblait que pour eux, les réponses toutes faites de Grégoire faisaient moins peur que ce qu'ils pouvaient trouver en eux.

Au début, ces gens éprouvaient l'extase d'avoir enfin trouvé quelqu'un capable de leur fournir les réponses aux questions existentielles. Certains faisaient l'aller-retour entre le salon et l'église. Leurs réponses étaient stéréotypées, apprises et non vécues. On avait beau parler ou écrire sur la vie, la mort, le paradis, les anges, le diable, des automatismes ressortaient de leurs textes. Ils avaient tous la même idée sur un sujet. Lorsqu'il y avait discorde, quelqu'un sortait un « Oui, mais Grégoire a dit ... ». C'était pathétique à entendre et à voir. Les mêmes mots sortaient de leurs bouches et les mêmes expressions se peignaient sur leurs visages : réprobation, contentement, interrogation. C'est impressionnant de voir ce synchronisme chez les nageurs en compétition aux jeux olympiques, mais c'était épouvantable à constater dans la vie quotidienne, chez des gens de sa ville. Ils aspiraient tous à devenir comme leur leader, répétant ses paroles, mimant ses gestes, adoptant son style arrogant et pompeux de « grand détenteur de la vérité ».

Une sorte de folie s'était installée insidieusement entre Grégoire et son monde. Comme une araignée qui tisse sa toile au plafond de votre salon sans que vous vous en aperceviez.

Durant toute cette période, personne, à l'exception d'Anita, n'aborda le sujet des cours. C'était une espèce de lieu sacré d'où chacun ressortait gonflé d'énergie, prêt à sermonner tout le monde, y compris la mouche qui rôdait autour de l'assiette. Si on leur demandait des détails sur la façon dont se passaient les rencontres, ils gardaient le silence ou alors répliquaient : « viens voir par toi-même », telle était la seule réponse qu'on obtenait. Puis, vint le temps où chacun d'eux dut faire un choix, on ne pouvait assister aux cours de Grégoire et à ceux de Monsieur Thée. Seule Anita a eu l'intuition qu'il lui fallait garder un pied chez nous.

À l'époque, Grégoire et ses brebis vivaient une sorte de symbiose. Les brebis demandaient au berger de régler leur vie, de les éduquer, de tout leur enseigner. Le berger usait de ce pouvoir que les autres lui offraient sur un plateau d'argent. Les élèves nourrissaient le maître, le maître nourrissait les élèves.

L'orgueil s'était emparé de cet homme, le prestige l'avait empoisonné et le pouvoir sur les autres en avait fait un voleur de pensées.

J'éprouvais de la compassion pour ces gens qui se laissaient mener aveuglément à l'abattoir. Bien sûr, les enseignements de Grégoire avaient leur part de vérité. C'était une quête honorable, une recherche spirituelle valant bien celle de centaines de religions ou de diverses techniques. Cette recherche comblait un vide chez les adeptes. Le problème résidait dans la pensée pyramidale, Grégoire avait son interprétation qui cascadait vers ses disciples, mais rien ne remontait des disciples vers le maître. Le droit aux idées leur était strictement interdit. Le danger ne résidait pas tant dans le livre étudié ou dans l'enseignement que dans l'autorité excessive et exclusive que Grégoire exerçait sur la pensée de ses élèves.

Un maître enseigne à ses élèves à penser.

Grégoire apprenait à ses élèves à penser comme lui.

La folie d'Aurelio dans toute cette histoire venait de son refus de se sortir de sa souffrance et de devenir autonome.

J'ai quitté Aurelio, je l'ai expulsé de ma vie, comme une mère enceinte de neuf mois doit le faire pour son bébé, afin que les deux deviennent autonomes. Après neuf mois, l'enfant est viable, pieds, mains, cerveau, cœur... tout est là. La mère donne le corps, le Créateur lui donne l'esprit. Il lui manque une chose, l'autonomie, l'indépendance, la capacité à vivre par lui-même.

C'est ce cadeau que j'ai voulu offrir à Aurelio en le quittant, mais il l'a refusé. Sa folie le poussait à vouloir rester dépendant et à décliner l'évolution. C'est ce qui l'a conduit à détruire, par tous les moyens, le bonheur que nous avions trouvé en nous réunissant ensemble au salon. Il était jaloux de notre autonomie, de notre indépendance, de notre création.

C'est en partie la jalousie qui l'a poussé à agir de la sorte. Son arme pour nous détruire n'a pas été une mitraillette grosse comme le bras de Rambo, ni une poudre bactériologique provoquant hypocritement la mort, non. Son arme a été bien plus dangereuse et plus efficace.

Il aurait pu lancer ses billets d'un hélicoptère dès le départ. Cela aurait été plus facile. Il a préféré la subtilité. Il ne voulait pas que sa guerre arbore le signe du dollar.

Aurelio nous a déconcertés. Monsieur Thée et moi ne l'avons pas vu venir. Peut-être aussi étions-nous trop occupés à nous défendre contre Grégoire qui exigeait le pouvoir sur les âmes.

Quoique discret, Aurelio n'est pas resté inactif. Fin finaud, il a bien vu ce qui se déroulait dans le sous-sol de l'église et il connaissait bien mieux que nous les hommes comme Grégoire.

Pour lui permettre de faire croître son « entreprise », Aurelio lui a offert de transformer en « maison de croissance » une petite auberge pas loin de l'église. C'est ainsi qu'avec les fonds de la ville, Grégoire a vu son groupe d'études devenir, en peu de temps, une entreprise lucrative où les gens pouvaient louer une chambre confortable pour quelques jours et jouir de ses enseignements, devenus entre-temps des pseudo-thérapies. Le financement de cette œuvre par la ville garantissait aux clients non seulement l'accès à un prix dérisoire, mais surtout l'immunité face aux questions des citoyens, si la ville la finançait, l'œuvre devait être bonne !

Qui a l'argent a le pouvoir et c'est ce qu'Aurelio a offert à Grégoire. Cette auberge a pris beaucoup d'ampleur. La popularité de Grégoire aussi.

Parallèlement et grâce à son poste à la ville, Aurelio avait aussi la mainmise sur la bibliothèque. Il avait le dernier mot sur les activités qui s'y déroulaient. Il s'occupait de tout ce qui concernait l'église, l'hôtel de ville et la bibliothèque. C'est pour cela qu'il a si bien pu orchestrer son infamie.

Par le biais de la bibliothèque, il encourageait diverses soirées littéraires. Par exemple, un auteur célèbre venait passer quelques heures à autographier ses livres. D'autres savants parlaient de leurs découvertes psychologiques, philosophiques ou spirituelles. On organisait des déjeuners-causeries où des hommes de lettres nous livraient leurs secrets. Ou encore des conférenciers de grande renommée abordaient, lors de soirées financées par la ville, des sujets de toutes sortes et, je dois l'avouer, fort intéressants.

C'est ainsi qu'un jour, Monsieur Thée fut invité à donner une conférence sur les bienfaits de l'écriture. Quelle joie, une soirée à la bibliothèque consacrée à Monsieur Thée ! C'est là que j'ai pensé qu'Aurelio avait enfin trouvé la paix. Je me suis mise à croire à ce miracle.

Monsieur Thésaratopoulos s'est donc présenté le vendredi soir et a prononcé son discours devant plus d'une centaine de personnes. C'était beaucoup pour notre petite ville. Tout a bien été jusqu'à ce qu'une question banale, destinée à le piéger, soit posée : « Monsieur Thésaratopoulos, que pensez-vous de la vie de famille ? » Pour des raisons personnelles, lui-même n'avait pas fondé de famille, mais elle représentait l'assise de notre vie sociale. Il aimait profondément les enfants et admirait leur simplicité et leur franchise.

Près de la porte de sortie, assis à l'écart, Aurelio enregistra sa réponse sur magnétophone et sur papier.

C'était l'occasion rêvée pour lui d'appeler un journaliste de la région afin de lui demander, à titre de maire de la ville, de démontrer à ses concitoyens à quel point cet homme pervers, « aimant profondément les enfants » comme il l'avait lui-même avoué, pouvait être dangereux.

Le journaliste voulait garder son emploi. Aussi, il a écrit ce qu'Aurelio lui demandait, juste assez pour éveiller des soupçons chez ces gens si faciles à duper et avec un texte suffisamment dosé pour ne pas provoquer une poursuite en diffamation.

Grégoire y a ajouté du sien en affichant l'article sur les murs de l'auberge et en répétant à chaque client qui mettait le pied dans son local que Monsieur Thée était dangereux. La parole de Grégoire était sacrée. Tous ceux et celles pour qui ses propos étaient devenus paroles d'évangile lui ont emboîté le pas et ont dénoncé Monsieur Thée.

Aurelio s'est servi de ce démon de Grégoire pour satisfaire son désir de vengeance. Bravo, quelle ruse !

Un mur s'est érigé entre les adeptes de Grégoire et ceux du salon, jusqu'au fameux jour du 4 janvier 2000.

C'est là que ma vie a commencé à se transformer en cauchemar.

Aurelio a offert à Grégoire l'argent nécessaire pour agrandir son empire. Il possédait à la fois le capital et un grand désir de vengeance. Grégoire avait du charisme et un monstrueux pouvoir sur ses fidèles adeptes.

C'est cette diabolique conspiration qui a causé la mort de Monsieur Thée. Elle fut le combustible qui alluma la flamme de son supplice

Personne n'a vu ce drame derrière les flammes.

Je craignais pour mes concitoyens qui avaient suivi Grégoire. J'avais peur que d'autres bombes n'explosent, que le feu féroce du pouvoir d'un homme puisse continuer son ravage en détruisant leur volonté.

Aurelio savourait sa victoire et Grégoire, quant à lui, venait à peine d'entamer son œuvre. Il chercherait sûrement à propager la contamination, cachant son pouvoir venimeux derrière le rideau des bonnes causes. Si Aurelio continuait son ascension en politique en se présentant comme député aux prochaines élections, Grégoire lui continuait sa progression dans le monde subtil de la manipulation des pensées.

Je ne pouvais rien contre les mesquineries politiques d'Aurelio. C'était Grégoire que je voulais déjouer, c'était la pensée de mes frères, fixée sur celle de Grégoire, que je voulais détourner.

Je n'avais aucune idée du moyen pour y parvenir.

J'ai retourné cette histoire dans ma tête des centaines de fois, jusqu'à épuisement, jusqu'à ce que je sois complètement saturée de tous ses détails. Puis j'ai enregistré la cassette dans mon esprit et je l'ai rangée.

Quelques **mois plus tard,** un vendredi soir, quelque chose de particulier est arrivé.

Ce soir-là, Deprah est arrivé à la maison en m'annonçant que Valère venait de mourir à l'hôpital où il était confiné depuis quelques semaines. Un pincement au cœur m'a prouvé que j'étais toujours vivante.

Tout s'est déroulé sobrement : enterrement simple, adieux sobres, bref, nous l'avons quitté dignement.

Ce fut l'occasion de retrouvailles heureuses. C'est là que j'ai su que Béatrice avait innové dans son entreprise, elle avait offert à ses employés différentes opportunités d'apprendre en mettant des cours de croissance personnelle au menu des bénéfices marginaux.

Sam apprenait aux jeunes entrepreneurs à avoir du cœur en affaires et pas seulement un désir de profits.

De son côté, Fabienne enseignait à des adultes moins chanceux qu'elle à lire et à écrire.

Berny, mon cher Berny, toujours au service des ses frères, suivait les cours de Fabienne, tout en s'occupant d'enseigner le football et le hockey aux enfants de la ville.

Bien sûr, nous avons parlé de Monsieur Thée, avec moins d'émotion qu'au début, mais certainement autant de passion.

Tout s'est bien déroulé jusqu'à ce que Sam me demande « Et toi Marthe ?... »

Cette simple question m'a littéralement broyé le cœur. Mille morceaux ont éclaté, sortant de partout en autant de mots futiles, vides de sens et sans direction. Mille mots éparpillés en éclats pour représenter tout le vide qui m'habitait. Sept anges réunis pour me servir n'auraient pas suffi à faire naître un discours cohérent dans ma bouche.

Je n'avais rien à répondre, que des paroles aussi vagues que «, ça va, je me porte bien, je travaille un peu ici et là, je lis, j'écris, je… » Rien de bien attrayant. J'en étais là. Rien n'est plus facile que de relier des mots ensemble pour ne rien dire et c'est ce que j'ai fait pendant cinq ou dix minutes, je ne sais plus. De longues minutes de souffrance lancinante devant le vide terrible qui m'habitait et qui contaminait toute ma vie. Cinq minutes, pour réaliser qu'un tournant s'imposait. J'ai pris mes effets personnels et, le plus élégamment possible, j'ai quitté les lieux.

En rentrant chez moi, j'ai compris que mes amis avaient chacun leur façon d'aimer les hommes. J'avais là une bonne indication, si eux avançaient sur la bonne voie, moi je reculais à cause de mon inertie.

Toutes sortes d'images sans aucun fil pour les relier envahissaient l'espace de mon vide intérieur. Avez-vous déjà essayé de ne pas penser ? Combien de temps pouvez-vous tenir ? Qui peut faire observer la loi et bloquer l'entrée aux pensées noires et indésirables ? Facile à dire ! Allez suggérer à la mère qui vient de perdre son fils : « Madame, vous n'avez qu'à ne plus y penser ! ».

Comment écraser les monstres du vide qui hurlaient leur victoire dans tout mon être ? Seule, je devais trouver la solution.

Malgré l'épuisement et l'incertitude, il me fallait poursuivre. Je me demandais bien à l'époque lequel de ces deux états était le plus pénible à vivre. Aujourd'hui, je peux répondre, c'est l'incertitude, ce vampire assoiffé qui vous ronge le sang sans aucun remord. Elle peut vous voir étendue sur une civière, vidée de tout, figée et démolie. Elle continue son travail. Il n'y a rien de plus épuisant que de ne pas savoir ce que l'univers attend de vous. Aucun but, ni objectif, ni mission.

Gardez-vous de mépriser cette vorace car elle peut aussi vous permettre d'avancer. Elle vous prouve que vous êtes toujours en vie. « Les tièdes, je les vomirai » a dit un sage. Il me fallait revenir sur cette phrase chaque fois que le doute s'installait en moi.

Je doutais de pouvoir un jour retrouver un bonheur comparable à celui que j'avais vécu avec Monsieur Thée. Comme si le bonheur dépendait d'un seul être humain alors que l'univers entier m'attendait.

Si ce que Monsieur Thée avait laissé dans mes entrailles et tout mon être était réel, le passé lui ne l'était plus. Mon cher guide ne pourrait plus me lancer ses mots comme des graines sur le gazon au printemps. Il ne sortirait plus de sons de sa bouche, je n'entendrais plus sa voix grave et si belle.

Le besoin de recevoir, c'est cela qui me manquait. J'avais coupé le contact, débranché le fil me reliant à l'énergie de la vie. Je voulais rester figée. Les médecins appellent cet état « dépression ». Les prêtres l'appellent perdre la foi. Les psychologues expliquent que le patient a coupé le contact avec son Moi.

Je me sentais comme un coureur qui a réussi son marathon, mais à qui on dit à la ligne d'arrivée : « Désolé, il faut recommencer, ce n'était qu'un exercice ».

Il me fallait reprendre papier, crayon, et écrire pour penser. Je devais laisser les mots reprendre vie, un par un. Si j'avais été adultère aux verbes et aux phrases en me blottissant dans le bras d'un amant nommé torpeur, je devais revenir au foyer.

À force d'écrire, j'ai réalisé ce matin-là que je m'apitoyais sur mon sort. J'étais là enfermée, seule, à ne pas vouloir bouger, à me préparer une journée de misère, une vie de recluse. Monsieur Thée en aurait-il été fier ? Non. Il aurait pleuré de me voir ainsi repliée sur moi-même. « Action » m'aurait-il lancé, sortant un faux fouet pour les jours de paresse et de retraite. « Je suis venu appeler les forts, pas les mauviettes ! » C'est cela qu'il m'aurait dit en riant.

La peine était incontestable et l'ennui pénible. Le manque se dressait en supplice et le deuil était terriblement douloureux, mais l'action restait la seule et unique clé de secours en de telles circonstances. Au fil des mois, j'avais laissé la vie être ce qu'elle devait être, sans chercher à changer quoi que ce soit, acceptant ce vide, cette inaction. J'avais une unique envie, celle de m'étendre et d'attendre que le tout passe. J'étais réfractaire à toute participation.

Il y a pourtant toujours un choix dans la vie, ce mot est écrit en majuscules, caractère gras et grosses lettres écarlates ; le mot choix apparaît devant nos yeux, étincelant comme une enseigne de bar nocturne, en lettres phosphorescentes, invitant à entrer dans un lieu, le sien.

C'est ce que je fis après un temps d'inertie. Un bon matin, tôt, vers cinq heures trente, je sentis à nouveau les pulsations reprendre vie en moi, une à une, lentes comme une cérémonie funèbre au début, puis finissant par circuler au rythme d'un tambour battant participant à une parade militaire. L'animation revenait en moi, grâce au mot « choix ».

Je me suis installée à mon bureau face aux deux chênes complètement nus.

Saisissant papier et crayon, j'ai gravé au fer rouge sur la feuille ce mot et j'ai recommencé à vivre. Une fois de plus, grâce à un mot, j'ai bâti un univers complet en inscrivant partout sur la feuille des idées, bonnes, saugrenues, folles, de toutes sortes. Certaines s'opposaient aux autres, d'autres jumelles se reconnaissaient et s'embrassaient.

Je jetai sur le papier les termes qui servaient à m'amener vers des choix : le premier, celui d'extirper de tout mon être cette folie d'inactivité, cette complaisance envers la paralysie qui me clouait pour ne pas trop déranger ma douleur. C'était assez. C'est fou ce que l'on peut aimer souffrir en restant là, à protéger son mal, peut-être parce que c'est indécent de se relever trop vite. Peut-être parce que le masochisme est trop fort, peu importe.

Deuxième choix : l'action. Quitte à faire des erreurs, je devais faire redémarrer l'existence en moi. Je le ferais pour ceux qui avaient retrouvé la vie dans ce salon, pour les gens de ma ville qui n'avaient pas encore eu la chance de s'éveiller à ce monde de vocables. Je le ferais en mémoire de Monsieur Thée qui aurait désapprouvé mon suicide par inaction.

En fait, je passais en mode action parce que j'avais encore le désir de vivre. C'était la seule et unique raison valable.

Je me remettrais à vivre jusqu'à ce que mort s'ensuive !

La première idée d'action qui a surgi après son décès fut de reproduire son oeuvre, à la virgule près ; j'étais déterminée à poursuivre sa route. Je me suis mise à exécuter au doigt et à l'œil ses gestes, ses mots, sa méthode, ses écrits tout en reprenant les démarches pour l'ouverture d'un nouveau salon de thé.

Je me suis prise pour lui pendant... le temps nécessaire pour que le deuil se termine. Je cherchais à me former de la même glaise que lui. Je me suis sculptée, reproduisant en moi l'esprit et le corps de Monsieur Thée. Ainsi, si je devenais lui, je n'aurais plus à le quitter.

Pendant des jours, j'ai fouillé dans ses cahiers, j'ai relu chacune de ses oeuvres, j'ai sorti ses cahiers de notes, cherchant à interpréter chaque virgule, chaque point d'exclamation, m'interrogeant jusqu'à ce que je trouve des réponses au sens qu'il aurait donné à toutes ces lettres accolées les unes aux autres.

Même si je n'avais pas sa compréhension, je faisais comme si. Je ne me fâchais plus là où auparavant je l'aurais fait. Je voulais imiter son calme. Je ne répliquais plus pour animer les discussions, je voulais être en harmonie. Je ne pensais plus à la réponse que je donnerais pendant que l'autre parlait, je voulais vivre le moment présent.

De ma bouche sortaient les passages que je lisais dans ses cahiers. Je voulais être son verbe.

Mes mains se refusaient à toucher le corps de Deprah, même si je l'aimais toujours autant. Je ne m'arrêtais plus pour caresser les cheveux de Rose, ma grande amie. Je voulais atteindre la chasteté de Monsieur Thée.

Je désirais être lui, sentir la vie comme il l'aurait fait, sans ressentiment, sans nausée, ne humant que l'odeur de la rose ou du bon pain, sans jamais penser à l'odeur du fumier ou du brûlé. Je m'entêtais à ne pas le laisser partir, mais pendant tous ces mois, je n'étais que l'exécutrice de quelqu'un d'autre qui ne m'avait rien demandé de tout cela.

Je n'étais pas lui et ne le serais jamais. Lorsque j'ai fini par le comprendre, sans le savoir consciemment, je venais de franchir un grand, un très grand pas dans mon rétablissement.

Pour être utile, je devais me retrouver moi-même et sentir toute la différence qui nous séparait lui et moi.

Je me suis mise à regarder avec émerveillement à quel point nos différences étaient belles. Là où il avait semé la paix, je m'étais battue pour lui, pour un local, pour une liberté d'action, pour une place dans la ville. Là où il avait été compréhension et empathie, j'avais usé de mon rationalisme pour éviter les outrances de ceux qui abusent des bontés humaines. Là où il avait été moment présent, j'avais été anticipation pour le paiement du loyer, les rénovations, le personnel à embaucher, les comptes à payer. Là où il avait été chasteté, j'avais réconforté de mes mains bien des irritations, j'avais donné quelques instants de douceur à des êtres en peine. Là où il n'avait ni ressentiment, ni nausée devant ce monde, j'avais été quelquefois la guerre nécessaire pour que cessent les hostilités.

Si je m'étais sentie séparée de ce qu'il était, ce jour-là j'ai compris que pendant toutes ces années nous nous étions merveilleusement complétés.

Au salon, il n'était plus là pour nous nourrir. Pendant quelque temps, nous avons voulu faire semblant, continuer comme si rien ne s'était passé.

Les soirées se succédaient, les mots, les phrases et les idées se transformaient mais la passion n'y était plus.

C'est comme si le salon de thé avait été l'œuvre de Monsieur Thée uniquement, pas la nôtre. Il n'aurait pas voulu que nous portions sur nos épaules le fardeau de sa mission.

Tranquillement, douloureusement, nous devions nous sevrer de lui et de ses effets enivrants. Devenir sobres et autonomes.

Facile à dire et à écrire ! L'œuvre était tout autre.

Sept mois ! **Il m'a fallu sept mois** pour comprendre que le but de mon deuxième salon de thé a été de combattre l'œuvre de Grégoire. J'ai réfléchi, je n'avais pas à me battre contre Grégoire et son entreprise. Je devais remiser les gants de boxe que j'avais enfilés contre le mal. Qu'est-ce qui est bien ? Qu'est ce qui est mal ? Et qui étais-je pour m'ériger en juge de la création ?

J'avais ouvert mon premier salon de thé avec une intention louable et noble, offrir le don des mots à mes frères. Le deuxième salon, quant à lui, avait eu la guerre comme combustible et c'est bien mal commencer une oeuvre que d'agir de la sorte.

Je voulais transformer le monde du Créateur. Je croyais fermement qu'Il avait commis des erreurs magistrales en créant des Aurelio, des Grégoire, des gourous, des voleurs de pensées, des brebis dociles et inconscientes.

Si la vérité est en chacun de nous, pourquoi voulais-je donc tant apporter moi-même la lumière à des gens qui se laissaient, selon moi, piller leur esprit ? Qui étais-je pour me permettre d'être juge, bourreau et juré à la fois ?

Toute mon attention se fixa alors sur un point essentiel : abandonner au Créateur le soin de gérer lui-même son entreprise et m'occuper de mon département seulement. En voulant combattre Grégoire, j'avais voulu éliminer le mal sur une planète en désordre.

Je devais l'admettre, si Monsieur Thée, dans sa bonté, m'avait tant appris sur le bien, Aurelio, par le mal, m'avait fait don du combat et Grégoire m'avait donné une grande leçon d'humilité consistant à prendre la simple place qui me revenait.

Je n'avais plus à combattre l'œuvre de Grégoire. Je prenais conscience qu'elle devait pousser à côté des bonnes herbes. Grégoire et son action déloyale étaient là, simplement, parmi les autres œuvres des hommes. Il y avait des guerres et des fêtes, des vols et des dons, des abus et des bontés, des gourous et des guides, des violences et des prières et ainsi, toujours, tout se côtoyait et se tissait indéfiniment.

Je n'avais pas à contrer l'œuvre de Grégoire car alors je ne ferais que verser de l'huile sur le feu. C'est de mon œuvre propre que je devais m'occuper, pas de celle d'un autre.

Sous prétexte du bien sacré, j'avais failli devenir aussi mesquine qu'Aurelio, par mon désir de destruction et de combat.

Quel choc !

Je n'avais pas à livrer de guerre. Le bien devait simplement prendre la place qui lui revenait, sans chercher à détruire.

J'ai fermé ce faux salon de thé sept mois après son ouverture.

Il me fallait changer de trajectoire, ouvrir mes horizons, avoir foi en quelque chose de toujours plus élevé. Je ne voyais pas que je pouvais dépasser l'œuvre de Monsieur Thée et c'était là ma plus grande erreur. C'était moi qui avais mis une limite à mon pouvoir. Je me considérais « disciple de Monsieur Thée », et j'étais persuadée que mon œuvre terrestre était complète dans ce rôle.

Il y avait probablement Quelqu'un de plus grand que moi qui attendait de moi autre chose et connaissait le potentiel qui sommeillait en moi, mais j'ignorais ses intentions. J'avais une peur terrible, qui m'empêchait d'être en paix : la peur de mourir à cet instant, sans léguer d'héritage à ma ville.

Ce n'est pas la mort qui me faisait peur, c'était le vide stupide que je pouvais laisser derrière moi, une vie complète pour aboutir à un vide total.

Une fois de plus, je me retrouvais devant une interrogation. On ne commande pas l'inspiration dans un catalogue. Elle peut se laisser désirer bien longtemps. On ne peut obliger les bonnes idées à surgir, malgré les intentions les plus méritoires. Elles viennent à vous par surprise.

On peut créer un terrain propice par le repos, la méditation, le calme, l'écriture, mais il semble que Quelqu'un soit responsable de la distribution des idées.

J'avais l'impression d'être en temps de guerre, faisant la file avec mon ticket de rationnement et attendant la nourriture. Ce n'était pas une impression, j'étais en temps de guerre d'idées, espérant recevoir ma nourriture céleste : une inspiration une ligne de conduite, une bonne idée. Je ne savais pas trop…

Rien de plus pénible que la panne sèche, la page blanche, le néant qui prend toute la place.

Vouloir trouver une idée à toute force, c'est un peu comme essayer d'aller à bicyclette lorsque la chaîne nous lâche. Rien ne se tient, c'est épuisant.

Oh ! Grand Conseiller, sors de ta cachette, je t'en supplie. Je te prête ma main et mon crayon, sois généreux de tes grâces, inspire-moi, guide-moi.

C'est Julia, une fidèle du salon de Monsieur Thée, qui m'a ramenée dans un monde meilleur. Elle m'a appelée, me demandant si on pouvait se rencontrer. J'ai accepté.

Notre entrevue a duré quelques heures et m'a permis de constater à quel point Monsieur Thée avait laissé des empreintes éternelles sur notre ville. Ce soir-là, Julia m'a fait part de son ennui depuis que Monsieur Thée était parti. Elle parla toute la soirée pour finir par me laisser un message urgent... il nous fallait sortir de notre torpeur.

Julia venait de commencer à écrire un roman de jeunesse. Elle se sentait seule dans son entreprise et se demandait si j'avais envie d'entamer quelque chose de mon côté pour que nous puissions ensuite partager nos textes une fois par semaine. J'ai dit oui.

Nous avons débuté par une rencontre tous les samedis matin. Elle écrivait son roman et de mon côté, j'arrivais avec mes pages en vrac qui constituaient l'amorce de mon nouveau projet : un conte pour enfants. Nous nous écoutions mutuellement, ponctuant nos progrès de bravos, de compliments et d'encouragements. Elle avait une imagination débordante et moi la plume facile. Nous formions un duo efficace.

C'est ainsi que nous avons amorcé l'œuvre qui redonnerait vie à notre ville. C'est en toute simplicité que le mouvement a repris.

Pendant quelques mois, nous fûmes les seules à nous revoir. J'étais seule avec elle. J'étais fascinée par la joie qu'elle éprouvait à chacune de nos rencontres. Elle laissait toujours derrière elle des milliers de mercis, des Oh ! et des Ah ! Autant d'exclamations de joie et de bonheur d'avoir partagé nos textes et trouvé cent idées qui nous serviraient durant la semaine.

Un jour, Anne s'est jointe à nous. Elle écrivait la biographie de Margaret Trudeau. Anne avait le don de nous faire part de mots touchants et de sentiments. Un peu plus tard, Paul, maître de la fiction, nous a rejointes, lui aussi.

Nous formions tous les quatre un cercle sacré dans lequel nous devenions des accoucheurs de rêves les uns pour les autres. Nous ne pouvions travailler à la place de l'autre, mais nous pouvions certainement encourager et soutenir le travail de chacun, donnant ainsi naissance à l'art dans un contexte de respect et de confiance.

Une fois de plus, les mots devenaient mon bonheur, mais cette fois-ci, j'ignorais que je dépasserais l'écriture pour aller de surprise en surprise.

La passion du cordonnier de notre ville pour tout ce qui habille les pieds a soudé le deuxième maillon de notre histoire. Cet homme s'appelait Tony.

Je suis arrivée chez lui avec une paire de souliers rouges que je possédais depuis des années. Je me refusais à les abandonner parce que je n'arrivais pas à trouver une autre paire d'un rouge aussi éclatant.

Tony m'avait sauvé du deuil de ces chaussures à plusieurs reprises et, une fois de plus, c'est vers lui que je me tournais pour tenter l'ultime réparation – la dernière probablement.

J'aimais les grosses mains de Tony, ses mains fortes d'artisan. Ce qui me plaisait aussi chez lui, c'était sa façon de nous accueillir dans sa boutique, comme s'il nous faisait pénétrer dans un paradis. Ce n'était pas les comptoirs, les souliers, les bottes ou les teintures fortes qui créaient cette atmosphère, c'était plutôt l'énergie qui se dégageait de Tony. Cet homme était en paix. J'aimais sa compagnie.

Nous sommes allés dîner ensemble. C'est là que Tony m'a fait un aveu, il se sentait vieillir. Il savait aussi que son art se perdrait avec lui s'il ne trouvait pas quelqu'un pour prendre la relève.

Je l'ai laissé ce midi-là avec la promesse que je réfléchirais à son problème.

Le lendemain, je me suis mise à la recherche d'un candidat pour Tony. Quelques jours plus tard, grâce à un professeur de l'école du quartier, j'ai rencontré Laurent. Il avait vingt ans, était sans emploi et ne possédait aucun métier. Il disposait cependant de la volonté nécessaire pour se sortir de cet enfer.

J'ai suggéré à Tony de lui enseigner son art.

Laurent s'est présenté à l'arrière-boutique du cordonnier à la date et à l'heure prévues. Les yeux de Tony se sont remplis de tendresse. Il lui a lancé : « viens mon garçon, on devrait bien s'entendre ».

Lentement, j'ai vu Tony et Laurent se transformer. J'aurais été incapable de mettre des mots clairs sur cette mutation. Une chose restait certaine : je voyais Tony heureux de partager son art et Laurent fier de son nouveau métier.

Un matin d'été, café à la main, assise sur la pelouse, je regardais une chaise vide et blanche, offrant un contraste sur le fond vert forêt des sapins et des cèdres. Elle attendait que quelqu'un la remarque. J'ai fermé les yeux pour ne pas voir sa solitude et surtout, pour savourer à pleins poumons l'air frais qui me pénétrait. Qui donc s'occupait de cet automatisme qu'est la respiration ? Je n'avais même pas à y penser – tout se faisait sans effort, sans que ma volonté n'ait à intervenir.

Pendant un instant, j'ai oublié la chaise, les arbres, les oiseaux qui faisaient la fête. J'ai fermé les yeux et là, j'ai senti durant l'espace de quelques secondes que j'appartenais à un autre monde. Derrière le mur de matière que je voyais jour après jour, dansaient des milliards d'Êtres vivants qui nourrissaient les cours d'eau, faisaient pousser les arbres, dessinaient des nuages dans le ciel, fournissaient l'air à tout ce qui vivait. L'espace d'un instant, je me suis retrouvée là où se cache Ce qui active la vie, qui est la vie, la vraie vie, derrière l'ombre dense de la matière.

J'ai voulu prier pour rester en contact avec ce que je ressentais, mais la prière était de trop. Je n'avais qu'à être là et savourer ce moment sublime.

Pendant quelques secondes, je me suis unie totalement à l'Inspiration qui m'habitait, au Créateur de vie en moi, Celui qui coordonne les mains qui écrivent ou qui réparent les souliers.

J'étais en contact avec Ce qui faisait sortir la vie en tout et dans tous.

Cet instant unique devait littéralement transformer ma vie.

Soudain, j'ai senti au plus profond de moi que l'Être Suprême que j'avais tant cherché était non seulement en moi et en chacun de nous comme Monsieur Thée me l'avait enseigné, mais qu'Il était dans tout. Dans la simplicité la plus totale, les choses se sont mises en place.

Moi qui avais longtemps rêvé de grandes causes, voilà qu'à cet instant, j'étais prête pour une nouvelle histoire d'amour avec ma ville.

Mon excitation m'empêchait de garder la même idée plus de trois secondes. En passant par un labyrinthe de pensées, je suis arrivée à la conviction que, si les écrivains organisaient des cercles d'échange, si le cordonnier transmettait son art, tout cela n'était qu'une introduction. Je voyais plus loin. J'imaginais des dizaines et des dizaines de cercles qui comprenaient des danseurs, des chanteurs, des informaticiens, des couturières, des cuisiniers et autant de gens qui manifesteraient la vie en échangeant leur art, en se regroupant pour partager leurs passions.

D'après le modèle du salon de Monsieur Thée, nous ferions surgir non seulement des mots, mais des pas de danse, des sons, des points de couture, des innovations.

Il n'y aurait pas de limite à l'expression de Celui qui sommeille en chacun de nous.

Lorsque j'ai vu l'article dans le journal local annonçant que l'aréna fermait ses portes pour offrir des services plus complets dans la ville voisine, je me suis précipitée à l'hôtel de ville.

Aurelio n'y était plus depuis près d'un an. Sa recherche du pouvoir l'avait mené dans l'arène politique provinciale. Tant mieux pour lui... et pour moi. Je pouvais donc m'aventurer à solliciter ce local pour mon nouveau projet.

Je me suis lancée et j'ai demandé : « Accepteriez-vous de prêter ce local qui ne sert plus à rien afin de développer des activités pour la communauté ? »

Après quelques semaines de démarche et de pression, j'ai gagné. Nous pourrions utiliser l'aréna pour des activités communautaires.

Je ne voulais pas faire cavalier seul. J'ai donc partagé mon idée avec Dephra, Julia, Tony, Paul, Anne et Rose et nous sommes devenus une équipe.

Dans ce lieu, nous voulions former non seulement un cercle d'écriture, mais des centaines d'autres cercles. Chaque passion aurait son atelier. Chaque homme aurait l'occasion de venir y exprimer sa création, le divin en lui.

Si certains ne voyaient leur Dieu que dans le sacrifice ou les épreuves, dans les difficultés et la souffrance, nous Le verrions dans le bonheur, la joie, la danse, les échanges. Pouvions-nous nourrir nos âmes de créativité, de plaisir, de soirées paisibles ? Pour nous la réponse était oui.

Dans les jours qui précédèrent l'octroi des fonds nécessaires à la mise sur pied de notre centre, une activité intolérable occupa mon cerveau. Une mégère imaginaire me harcelait, me donnant l'illusion que je serais punie de rechercher autant de bonheur. Elle me répétait sans cesse que je devrais plutôt m'occuper des malheurs de ceux qui m'entouraient. « Si les voyages forment la jeunesse, les malheurs quant à eux forment l'âme », me répétait-elle sans arrêt.

Heureusement, l'enseignement de Monsieur Thée faisait contrepoids. Il me ramenait à un autre critère : celui du service dans la joie et la créativité. Tous les chemins mènent à Rome, il suffit de marcher.

Nous avons eu le local, l'argent et la participation des gens – tout ce qui nous était nécessaire pour mener à bien notre œuvre.

Lentement, dans l'aréna, des dizaines de cercles se sont formés : sculpture, peinture, chant, danse, écriture, menuiserie, informatique et j'en passe. Les gens s'alimentaient les uns les autres dans leur passion commune et la vie de notre ville se transformait lentement.

C'était une révélation. Ce que nous avions de divin en nous se manifestait dès que nous pénétrions dans notre champ de création. L'acte de créer et de partager avait le don de faire taire les voix dérangeantes à l'intérieur de nous, celles qui voulaient sans cesse nous ramener vers le drame, les obsessions, les compulsions de la pensée. La création nous reliait à la paix, à la simplicité, à l'état de grâce, à notre moment présent – parfait en de telles circonstances.

Nous nagions dans le rire et les applaudissements, la danse et l'écriture, les encouragements et les bons conseils. Chacun créait dans le champ d'activité qui constituait sa force et son talent.

Je regardais la vie qui émanait de ces groupes et j'admirais les belles œuvres qui naissaient dans ce local. C'était un présent pour l'âme de voir que les hommes ne sont pas faits pour la guerre, mais pour la joie. « Je suis venu pour que votre joie soit profonde » disait un grand Homme, il y a deux mille ans.

J'aurais voulu à ce moment avoir du Christ une image de joie et de bonheur, voir cet homme rire et être heureux. Je ne crois pas qu'Il ait passé trente-trois ans de sa vie à afficher cet air de martyr et de découragement avec lequel on Le représente.

Je voulais Le voir dansant aux noces, avec son plus beau sourire : celui d'un homme épanoui et heureux, bien dans sa peau.

Je voulais ce jour là qu'Il rie pour moi, qu'Il danse avec la troupe, qu'Il commente l'œuvre de Tony, qu'Il emporte les feuilles de Julia pour les lire, en toute quiétude, qu'Il fasse réparer ses sandales par Laurent et qu'Il s'écrie « c'est un miracle ! Je les croyais bonnes pour la récupération ! ».

Je L'imaginais nous disant : « cet aréna est la maison de mon Père. Allez et multipliez-vous ! Que Dieu vous bénisse ».

Je comprenais une chose simple, mais bien importante : le bonheur n'est pas un péché. Il est favorable à l'âme.

Ce que nous accomplissions était-il trop banal pour être divin ? Non. Nous avions trouvé notre rôle dans l'univers, celui de faire passer la Vie dans les livres, la musique, les souliers, l'entraide, la joie. Simplement, tout simplement.

C'est dans la modestie de ces gestes quotidiens que j'ai fini par saisir que l'amour n'a rien de sélectif. Il n'a besoin ni de grandes œuvres, ni de reconnaissance. Il peut être exactement là où nous sommes, dans chacun de nos instants et de nos gestes. S'il m'arrivait parfois de penser avec nostalgie à nos soirées au salon, je savais que ma vie prenait maintenant toute son importance dans cet aréna où chaque jour nous plongions dans la pratique d'aimer, exactement là où nous étions, en manifestant le talent qui nous habitait.

Il avait fallu que Monsieur Thée disparaisse pour que j'accepte ce nouvel enseignement. Jamais je n'aurais volontairement coupé mon lien maître-élève avec Monsieur Thée. L'événement que je considérais comme un drame atroce et injuste m'avait permis d'avancer. D'un deuil affreux avait surgi une leçon inestimable.

La vie était devenue mon Maître.

Il y a une scène que je veux garder précieusement en mémoire, c'est celle de ce matin de fin mai, à cinq heures trente.

Assise face au fleuve qui frappait les rochers, je laissais l'odeur, le bruit des vagues, la beauté m'enivrer. Il y avait une île de l'autre côté. Trois maisons toutes petites y dormaient tranquillement. Les nuages roses, bleus et blancs ressemblaient à un vol nonchalant et douillet. Je prenais la vie telle qu'elle était.

Je réalisais que malgré la splendeur du fleuve et du décor de cette fin de printemps, tout dans ce magnifique paysage était éphémère et irréel.

Qui étais-je dans tout ce décor ? Je n'étais pas mes pensées frivoles qui se bousculaient et s'emportaient pour un tout ou un rien. Je n'étais pas la peur qui me harcelait, peur de perdre, de souffrir, de vieillir, de faire des erreurs, d'être seule. Je n'étais pas ces tempêtes de colère ou d'idées dans ma tête qui m'empêchaient de dormir. J'étais bien au-delà de toutes ces faussetés cérébrales et j'en étais persuadée.

Là, assise en face du fleuve qui me fascinait, j'avais la certitude que je venais de l'éternité parfaite et que j'y retournerais. Je n'avais pas de mot juste, mais je savais que j'étais cet Être sans pensée, sans activité étourdissante, cet Être divin qui portait un habit de peau et de morale temporaire, juste le temps d'apprendre.

Le fleuve, lui, savait mieux que moi dès sa naissance ce qu'il devait accomplir : être là, marée montante le matin, descendante le soir, frapper les rochers, sentir le poisson, permettre aux bateaux de lui glisser sur le dos.

Le fleuve apportait le bonheur aux hommes sans se poser de questions. Il était, tout simplement, et la vie en lui bougeait et accomplissait sa mission sans se tourner les sangs.

C'est en regardant cette eau que j'ai trouvé tout le sens de notre travail à l'aréna. Tout comme le fleuve, le cordonnier accomplissait sa mission en réparant des souliers pour le confort des hommes, le danseur préparait son spectacle pour éblouir notre vue, le chanteur participait à la chorale pour le plaisir de nos oreilles, moi j'écrivais pour agrémenter la vie. Chacun excellait dans son art et partageait sa passion pour que la chaîne des cordonniers, des danseurs, des chanteurs, des écrivains puissent se perpétuer afin de continuer la grande Création.

La beauté du monde se manifestait dans ces gestes du quotidien, si ordinaires. L'essentiel était là : l'amour, l'entraide, la créativité.

Le fleuve m'apprenait une leçon sans prix ce matin-là, à savoir que la Vie émerge naturellement, là où nous sommes, dans chaque instant présent.

Nul besoin d'Himalaya ou de monastère. La beauté jaillit de partout, même dans l'aréna d'une ville ordinaire, avec des gens qui acceptent d'être ce qu'ils sont, tout simplement.

Monsieur Thée m'avait appris à puiser dans le fond de l' Être par les mots. Son œuvre se continuait dans les souliers, la musique, la danse, les découvertes.

À chacun d'être un fleuve.

C'est contradictoire, mais c'est ainsi : il faut souvent se battre pour que le bien subsiste.

Nous dirigions au moins une vingtaine de différents cercles de création et tout se déroulait à merveille. Cela peut sembler bien ordinaire de regrouper ensemble couturiers, cordonniers, danseurs et professeurs pour partager leur art, mais il y avait quelque chose de magique dans cet endroit, comme si Dame Nature nous démontrait sa force dans tous ces talents. Je pense que c'est ainsi que Dieu se promène.

Oh ! Je ne dis pas que nous n'avions pas nos problèmes, loin de là. On ne réunit pas ainsi des dizaines et des centaines de gens sans que surgissent les monstres de l'orgueil, de la colère, du ressentiment, des peurs, de l'envie, mais nous avions appris une grande leçon de vie, celle qui consiste à regarder bien en face la réalité des misères humaines. La vie dans ces lieux nous a enseigné à régler nos difficultés ensemble, ne visant qu'une chose : le bien-être de chacun. Ce n'était pas une tâche facile, mais que d'apprentissages ! Chacun de nous contribuait en permanence à nourrir les autres par toutes sortes de moyens, par la danse, les sciences de la nature, les techniques de relaxation. Le canal n'avait pas d'importance. Nous savions contribuer à la vie humaine en toute simplicité.

...Jusqu'au jour où une grosse pancarte afficha : « Ouverture bientôt sur ce site du plus grand centre commercial de la région ! » Ces quelques mots sur cet écriteau de malheur ont réussi à semer la confusion et le désarroi dans nos cœurs.

Je suis allée à la mairie avec Deprah et Julia : le site de l'aréna avait été vendu à une compagnie américaine qui se chargerait d'y installer des « Warehouse », des « Club Home », des « Computer Centre ». Non, personne n'avait prévu un autre site pour les activités de l'aréna !

L'argent avait eu le dessus sur l'amour. Comment peut-on s'asseoir autour d'une table pour négocier le bonheur des gens en échange d'argent ? Comment peut-on vendre ainsi, sans regrets ni remords, une partie aussi noble de la vie de sa propre communauté ?

Je devais en informer mes compagnons. Comment leur dire que nous devions quitter cet endroit qui avait bercé nos entreprises ? Je ne savais pas quels mots utiliser. Devais-je leur servir un discours optimiste du style : « c'est pour le mieux… c'est positif… voyez le bon côté des choses… ». Non. Certes pas. Quoi de plus futile que ce genre de paroles quand nos cœurs sont déchirés.

Non, je serais réaliste. J'expliquerais les faits, sachant fort bien que la vie devait continuer.

Je tournai les yeux vers ces gens sagement assis sur le plancher de l'aréna, attendant le verdict. J'étais porteuse d'une mauvaise nouvelle et il n'y avait aucune bonne façon de l'annoncer. J'ai donc choisi la méthode rapide et j'ai dit : « Voilà, nous n'avons plus de local pour nos activités. Nous devons partir avant la fin du mois. »

Je suis restée là toute la soirée à tenter de calmer la fureur de ces gens qui avaient trouvé un sens à leur vie quotidienne et qui devaient maintenant faire face à l'agression et la violence d'un monde à la recherche de richesses sans valeur.

La colère devait se manifester. Ensuite seulement, nous pourrions passer à autre chose.

En retournant chez moi, vers vingt-deux heures trente, j'ai regardé par la fenêtre du restaurant de la rue principale. L'atmosphère de joie et d'enthousiasme qui y régnait ajouta à ma peine. J'aurais tant voulu que ces gens cessent de rire, de parler, d'avoir autant de plaisir. Le violoniste qui se promenait aux tables aurait dû cesser de jouer, personne n'avait le droit d'être heureux en pareille circonstance. Pourquoi les gens ne sont-ils pas tous malheureux en même temps ?

S'ils étaient heureux pendant que j'étais si accablée, c'est parce que personne ne peut vivre la vie d'un autre ou prendre sa place, ne serait-ce qu'un instant. De la naissance à la mort, chacun est emprisonné dans sa propre expérience et seul dans sa vie. Même si je le savais, cela ne rendait pas mon épreuve plus facile.

Je savais aussi qu'en pareil cas, deux choix s'offrent à nous : s'épuiser dans l'arène contre un adversaire nommé la vie ou assumer pleinement la réalité telle qu'elle se présente et passer à l'action.

Je n'ai pas eu à choisir, c'est l'action qui est venue à moi.

Quelques jours après la fermeture de notre local, j'ai reçu un appel de Léo, journaliste à la pige. Léo était l'ami de Dominique qui s'occupait du groupe d'informatique à l'aréna. Il voulait écrire un article pour la revue « Faveur populaire » au sujet de notre mésaventure avec la ville. Je connaissais cette revue. Une fois par mois, elle brossait un portrait social des grandes régions du Québec. Le but premier était d'amener la population à prendre position sur des sujets collectifs touchant la communauté québécoise.

Malgré ma peur, j'ai accepté l'entrevue. Je savais très bien que refuser pouvait avoir des effets encore plus désastreux car notre œuvre mourrait noyée dans l'ignorance.

Quelques jours plus tard, j'ai attendu nerveusement l'arrivée de Léo dans ce restaurant de la ville voisine.

La peur, cette fausse peur de l'irréel, de l'inconnu, avait failli me faire passer une nuit blanche. Pour ne pas lui céder la place, j'avais pratiqué mon exercice préféré : dramatiser au maximum l'irréel que je redoutais.

J'avais donc imaginé la scène du journaliste voulant me mettre en boîte avec ses questions ridicules. Je voyais les gens des tables voisines arrêter leur repas pour me pointer du doigt, riant à gorge déployée. L'article faisait le tour du Québec : « Marthe de Prévert a besoin de soins psychiatriques. » Je serais ridiculisée à travers la province, arrêtée, internée pour le reste de mes jours sans mourir parce que le ridicule ne tue pas. Et la folie m'habiterait pour l'éternité.

J'ai éclaté de rire, comme je le fais si souvent après un tel exercice. Même si j'avais une certaine frousse que tout ceci tourne mal, j'avais éliminé la peur qui paralyse.

Léo est arrivé. Malgré ses quarante ans bien sonnés, il avait un air d'enfant d'école. Il s'est présenté. Dès qu'il m'a serré la main, j'ai su qu'il était honnête. Ma grande nervosité a fondu lorsqu'il a commencé la conversation et enchaîné avec ses questions.

« Madame Marthe, parlez-nous un peu de vous avant de nous raconter votre mésaventure avec la ville ».

Que pouvais-je lui dire à mon sujet, moi qui avais eu une vie si simple ? Je ne suis ni pape, ni premier ministre, ni grand maître. J'ai simplement étudié, travaillé pour la ville, aimé le monde, été élève de Monsieur Thée et amoureuse de Deprah, un homme formidable. J'ai fait des erreurs et de bonnes choses, j'ai eu des chagrins et des bonheurs. Malgré toute la simplicité de ma vie, je ne l'échangerais avec personne. La vie n'a pas répondu à mes désirs et à mes ordres. C'est très bien ainsi, cela m'a permis d'apprendre.

Une chanson populaire dit « J'aurais voulu être un artiste ». Moi, j'aurais voulu être un grand Maître ou un Guide, non pas pour la renommée, mais pour soulager l'âme tourmentée des hommes, pour mettre un baume sur les plaies vives des maladies de l'âme. Je ne suis devenue maître de personne d'autre que de moi-même. C'est ma plus grande victoire. Je suis contente que la vie n'ait pas écouté mes souhaits.

« Comment décririez-vous ce qui est arrivé dans votre ville ? »

« Nous avons eu l'immense privilège d'avoir chez nous, il y a quelques années, un grand homme, surnommé Monsieur Thée. Il a semé chez nous une envie de découvrir l'univers qui trop souvent reste endormi au plus profond de nous. Il nous a éveillés au goût de la découverte et du partage. Son départ a été un choc, mais aussi un déclencheur. Il a fait germer en nous le désir de donner un sens à nos vies et de combler le vide profond en nous-mêmes.

Suite à son décès, plusieurs d'entre nous ont ressenti l'envie de continuer cette recherche et ce partage simple qu'il nous avait appris. Nous avons commencé par former un groupe d'écrivains qui échangeaient leurs textes, s'entraidant et partageant entre eux leur passion des mots. Puis, ce fut au tour du cordonnier de transmettre son art à des jeunes sans métier. Des danseurs se sont regroupés, des informaticiens, des menuisiers… tous se nourrissaient les uns les autres en partageant leurs dons.

Notre ville a connu l'éveil à quelque chose de plus grand que le quotidien terne de nos vies modernes. Nous en avons surtout retiré une grande leçon : chacun de nous a un talent et c'est en le partageant qu'on est heureux. »

L'entrevue s'est terminée bien longtemps après le dessert.

Je suis rentrée chez moi. Je savais que l'article paraîtrait dans le numéro suivant, trois semaines plus tard. L'attente serait longue !

Comme moi, les autres sont restés estomaqués lors de la parution de l'article. Nous n'aurions pu espérer mieux ! La revue parlait de nous comme de héros bafoués par des fonctionnaires sans cœur ni âme, expulsés de leur local alors qu'ils accomplissaient une œuvre honorable. L'article intitulé « La mort de la création dans la ville de Prévert » était bien structuré. On y expliquait nos activités, nos échanges, on y mentionnait aussi le sens que ces activités avaient donné à nos vies.

Je n'ai jamais aimé les statistiques, sauf en cette occasion. Je savourais littéralement l'article écrit par Léo. J'examinais les détails. Les chiffres parlaient d'eux-mêmes, il avait fallu à peine quelques années pour voir les bienfaits du projet « Aréna de Prévert ». Le taux de décrochage scolaire avait diminué de quinze pour cent, les dépressions enregistrées dans les diverses cliniques étaient en baisse de dix pour cent. La prise de médicaments pour insomnie ou anxiété, en chute libre de quatorze pour cent. Il mentionnait ainsi les bienfaits de notre œuvre dans la ville.

L'aventure communautaire nous avait certainement permis de créer des liens précieux, mais elle avait aussi démontré des résultats concrets.

Ma joie était à son comble. Si j'avais su ce qui nous attendait !

Pour sauver l'honneur des autorités, la ville a fait volte-face. Les élus savaient que s'ils ne réparaient pas les dégâts, ils seraient vite montrés du doigt. Toute cette attention sur notre cause a suffi pour que la ville, sans trop d'enthousiasme, nous trouve un nouveau local afin de faire taire les langues et les écrits. Nous avons déménagé nos activités dans une salle annexée à l'école.

Il y a eu plus, beaucoup plus qu'un nouveau local. Les gens des villes voisines ont commencé à téléphoner pour avoir des renseignements sur nos activités. On voulait des soirées d'information, des prospectus, des idées... bref, nous étions devenus le point de mire.

Grâce à cet article, le vent avait tourné en notre faveur.

Un soir d'automne, seule et épuisée, je me suis mise à pleurer de peine et de joie. De peine en pensant que Monsieur Thée était mort à cause des médisances étalées dans les journaux à son sujet. De joie en pensant qu'un mot favorable dans une revue avait réussi à sauver la vie de notre communauté.

La vie est étrange, comme si les mots avaient droit de vie et de mort sur les sujets !

Le mal et le bien semblent se côtoyer sans cesse, comme un vieux couple d'amants incapables de se passer l'un de l'autre.

Pendant plusieurs années, ces activités au local de l'école ont été ma raison de vivre. Ma mission n'avait pas été de porter une croix, mais plutôt de ressusciter par la création, tenant mes frères par la main afin de nous élever ensemble.

Aujourd'hui, je me prépare à quitter la ville et mes amis. Je nettoie et je vide la maison, témoin de tout ce qu'a été ma vie depuis plus de vingt ans. Dephra est là. Il répare tout ce qui est cassé, comme il l'a fait avec moi depuis tant d'années.

Je regarde son corps robuste, sa peau toujours aussi lisse, son torse bien carré malgré les années accumulées. Je l'aime encore, cet homme, de plus en plus même. La passion a fait place à la complicité, à une union saine. J'ai appris avec lui que l'amour n'est pas un conte de fées brodé de dentelles. C'est plutôt le travail constant d'un alchimiste qui réussit à transformer nos désirs égocentriques en souci d'apporter une contribution positive à la vie d'un autre. De la vraie magie !

Les pièces sont remplies de boîtes étiquetées : cuisine – salle de séjour – bibliothèque municipale et ainsi de suite. Je n'arrive pas à fermer ma boîte à souvenirs, ni à l'étiqueter. Elle contient une carte de souhait de ma mère, les résultats scolaires de ma dernière année au collège, des fleurs séchées, premier cadeau de Dephra, une boîte de savon avec des billes.

Les souvenirs remontent. Ils se bousculent dans ma mémoire, se disputant la première place. Les histoires s'emmêlent. Je me revois à cinquante ans, quarante-trois ans, vingt ans… Les années défilent à l'envers jusqu'à ce que, la main sur un missel, je me souvienne…

… J'ai onze ans. Je suis furieuse, triste et dégoûtée. Quelle injustice ! Ce livre aurait dû me revenir.

Sœur Marguerite avait triché. Une Sœur, une fiancée de Jésus et pourtant, elle avait menti !

J'étais en cinquième année, à l'école primaire Sainte-Émilie. C'était l'époque où je voyais Dieu partout, même dans la salle de bain. Nous étions en juin. Sœur Marguerite nous donnait des cours et, question de nous encourager à connaître son Dieu, elle avait lancé au début de l'année scolaire un concours qui devait se poursuivre jusqu'en juin et qui fonctionnait comme suit : chaque messe à laquelle nous assistions nous donnait une chance pour un tirage et chaque communion reçue doublait notre mise. Le fameux prix tant convoité était un magnifique missel aux pages minces, au contour doré, le tout relié en cuir brun et soigneusement protégé par une enveloppe de velours. À l'intérieur, des images à vous donner envie de sainteté. Qu'il était beau ce missel... la huitième merveille du monde !

C'est ainsi que tous les matins, je dis bien tous les matins, je suis fidèlement allée à la messe et j'ai reçu la communion. J'ai religieusement écrit deux fois par jour mon nom sur les billets du tirage.

Le fameux jour arriva. Sœur Marguerite pigea les noms. Le mien sortit le premier ! Mon cœur se mit à battre, mes jambes étaient molles lorsque je me dirigeai vers la tribune. Ma main prit le livre avec toute la délicatesse dont j'étais capable, mais une autre main, celle de la religieuse, me le retira pour me remettre un stupide chapelet fluorescent – vert dans le jour – clair la nuit !

Elle se leva, se dirigea vers Madeleine Ranger, sa chouchoute, et lui tendit le missel, MON missel, prétextant qu'elle l'avait mérité pour ses achats d'images au profit des petits Chinois. Merci, trois fois merci ! C'était le père de Madeleine qui avait payé ces images d'enfants !

Mon père inconnu ne pouvait certainement pas me les payer et quant à ma mère, elle n'avait pas les moyens de m'offrir les bonnes grâces d'une religieuse.

J'ai pleuré longtemps, jusqu'à ce que je lise une toute petite phrase dans un livre appartenant à ma mère : « Faites-vous à l'idée, une fois pour toute, que la vie est injuste ».

Quelques mois plus tard, le soir de Noël, ma mère, trop pauvre pour les sœurs et les images de petits Chinois, m'a fait venir dans sa chambre.

« C'est pour toi ma chérie ».

C'était un missel, héritage que mon grand-père lui avait laissé avant de mourir. Elle me le donnait.

Je ne suis plus retournée à la messe, mais j'ai gardé ce précieux livre et je suis souvent allée prier avec ma mère.

J'avais compris que, si une religieuse pouvait mentir, si la vie n'était pas nécessairement équitable, prier avec ma mère m'apportait toujours la paix si difficile à trouver dans ce monde parfois trompeur.

Aujourd'hui, je souris de cette expérience d'enfant. Le drame avait pris la forme d'un simple souvenir.

Avant de pouvoir fermer ma boîte à souvenirs, je devais revivre dans ma tête une autre histoire avec cet homme si important dans ma vie, mon grand-père.

J'avais huit ans, tout au plus. Je le revois : cheveux blancs, pipe à la main, se berçant calmement. Mon grand-père était un homme d'une douceur surprenante. Par-dessus tout, il était bon.

Je me souviens de son album de photos. J'aimais aller le retrouver le dimanche après-midi et m'asseoir près de lui sur la grande galerie faisant face à la route. Il y avait un rituel entre nous. Chaque fois, il me disait « Approche-toi mon amour, j'ai quelque chose pour toi ».

Il allait à l'intérieur, ressortait avec un coca, un sac de bonbons et un album de photos.

« C'est un album de photos qui parle » me racontait-il. Sa grosse main recouverte de poils blancs ouvrait le livre dans lequel sa vie entière s'étalait. Les premières photos étaient jaunes et grises. Personne ne souriait. Je crois qu'ils avaient tous peur de la caméra. Celles du centre étaient blanches et noires et enfin, quelques-unes vers la fin étaient en couleur et les gens affichaient leur bonheur.

À la troisième page, il y avait toujours cette photo qu'il cachait de sa paume, passant vite à la page suivante. Chaque fois je lui demandais de m'expliquer et il me répondait : « ce sont des histoires de grandes personnes, mon enfant ».

Un dimanche, en arrivant chez lui, j'ai su immédiatement que quelque chose n'allait pas. Les odeurs de tabac à pipe, de mousse pour la barbe et de soupe aux légumes s'étaient transformées en odeur de drap aseptisé. Les vapeurs m'ont donné la nausée. Il était couché. Près de lui, sur la table de chevet en bois d'acajou, il y avait des médicaments et un crucifix.

Son regard n'était plus le même. Une sorte de gélatine recouvrait ses yeux toujours aussi bleus.

« Va chercher l'album de photos qui parle, mon amour, et approche-toi de moi. La mort ne mord pas, n'aie pas peur ».

Je suis allée chercher le trésor. J'ai pris un plat de bonbons et un coca pour faire semblant que tout allait bien.

Il n'avait pas la force de tenir l'album. Je l'ai fait pour lui.

Première page : « J'avais sept ans Marthe. C'était le jour de ma première communion et j'étais littéralement au Paradis ! Quelque chose de sacré s'est passé, je sentais que Quelqu'un s'était caché dans le pain pour venir m'habiter de l'intérieur. »

« Ici, j'avais douze ans. Un jour triste. Mon père m'avait retiré de l'école pour que je l'aide aux travaux. Mon père était un homme de cœur, c'est la pauvreté qui n'en avait pas. »

« Sur cette photo, j'aide le vétérinaire à soigner la patte de mon chien ».

Nous sommes arrivés à cette fameuse photo de la troisième page. Comme il n'avait plus la force de la cacher, j'ai vu sur la photo cette femme, si belle, et j'ai attendu en silence qu'il cesse de pleurer. C'est difficile de ne rien dire quand quelqu'un pleure, de le laisser vivre sa peine. Ce jour-là, l'attente en valait la peine.

J'ai séché ses larmes et je lui ai donné un peu d'eau. Je sentais que tout mon amour pour lui passait dans ce mouchoir et cette eau.

Alors il m'a raconté. « J'avais dix-huit ans, elle seize. Elle s'appelait Emma. Elle avait les plus beaux yeux du monde, des cheveux comme ceux d'un ange et la peau douce comme du papier de soie. À cette époque, nous prenions un plaisir fou à aller à bicyclette, à traire les vaches ensemble, à travailler la terre. Notre plus grande joie était dans l'enseignement d'Emma : la musique, le piano plus exactement. Elle venait d'une famille qui avait de l'argent et de la culture. Elle m'apprenait à aimer la musique. Je n'avais jamais rien connu d'aussi passionnant. Cette femme possédait un tel pouvoir d'attraction !

Un jour, son père a décidé du bonheur de sa fille. Il nous a défendu de nous revoir. Je n'étais pas assez bien pour elle.

Des jours de colère ont suivi puis, la peine s'est installée. Dans cette période de désespoir, je me suis rappelé qu'à sept ans, dans un morceau de pain, Quelqu'un s'était introduit en moi et je me suis accroché à Lui. J'ai senti que pendant toutes ces années, Il avait patiemment attendu que je m'éveille. Je n'ai pas revu Emma, mais je n'ai plus jamais perdu Celui qui s'était caché dans le pain.

Plus tard, grand-mère est devenue mon épouse. J'ai continué ma vie en pensant que ce que j'avais à faire, je devais bien le faire. Mon existence a suivi son cours. J'ai aimé ta grand-mère, nos enfants, nos voisins. J'ai pris soin de mes vaches avec la même passion. J'ai cultivé ma terre et partagé mes récoltes.

Jamais je n'ai oublié Emma, ni Celui qui était dans le pain. Je les ai mis ensemble, dans mon cœur… » Quelques minutes plus tard, il a rajouté : « … avec toi ».

J'ai peu pleuré la mort de ce grand homme car je le savais prêt pour un changement de demeure.

Aujourd'hui, moi aussi je suis prête. C'est pour cela que je me prépare à vendre la maison.

En regardant son missel, j'ai compris que les histoires sont les mêmes de génération en génération. Mon grand-père avait lui aussi connu quelqu'un de précieux et l'avait perdu. Il avait compris que, peu importe les circonstances, la Vie est toujours là en soi, mais aussi dans les autres et dans tout ce que l'on fait.

Il suffit d'ouvrir à plus grand que soi. Il faut aimer la vie telle qu'elle est, ici et maintenant. Hier n'est plus, demain n'a jamais existé. Il n'y a que le moment présent et tout l'amour qui peut s'en dégager.

Mon grand-père et moi avions quelque chose en commun, nous avions compris que le grand Maître de l'Univers est partout, dans tout, pour tous. Lui, simple fermier, a été un bâtisseur à sa manière. Mon grand-père avait été un créateur d'Harmonie, une sorte de Monsieur Thée ne sachant pas écrire.

Sur la boîte, j'ai collé le nom de Deprah. Je l'ai fermée. Je ne l'ouvrirais plus jamais.

Aujourd'hui, il y a vente communautaire dans ma
rue. Chacun s'apprête à se débarrasser de ce qu'il ne veut
plus.

Ce sont des journées d'effervescence et d'excitation. Les
enfants rient, les adultes sont occupés, mais on dirait que plus
ils s'affairent, plus ils trouvent le temps de fraterniser. C'est
curieux ! Il y aura des échanges d'aide, de mots, d'encouragements, de bibelots, de livres, de café.

Des prix sont affichés sur les tasses, les skis, les divans. Ma
maison au complet est à vendre et le trottoir est plein de tout ce
qui me reste. Je veux vendre mon monde : je veux échanger,
troquer, céder ma maison pour une autre, plus paisible. Après
cela, je ne veux plus participer à ce genre d'encan, je l'ai trop
fait.

Je m'en vais vers une demeure fort différente. Loin de moi
l'idée de renier la ville d'où je viens, mais je pars vers une
maison isolée des hommes. J'ai besoin de me rapprocher d'une
nature différente.

Après avoir cherché si longtemps, je fais face à la fin d'une
vie qui m'a tant appris. Est-ce parce qu'elle me file entre les
doigts que soudainement je la vois comme ma meilleure
amie ?

Moi qui ai si souvent voulu mourir de peine, d'ennui, de
découragement, j'en viens à me dire que l'existence elle-même
en chacun de nous, de vous, de l'autre, est la grande porte pour
plonger dans la conscience, dans l'univers, pour entrer dans cet
état d'être si souvent appelé Dieu. Il suffit de vivre, d'observer
ici même, dans l'instant.

Monsieur Thée est venu dans ma vie pour lui donner un
sens, une direction. Il m'a appris à me diriger en moi pour y

puiser l'Essentiel. Il m'a enseigné à voir la Vie en moi mais aussi en l'autre qui est de la même Essence. Ce qu'il m'a fait découvrir, c'est la richesse dans chaque circonstance de la vie.

Aujourd'hui, je suis capable de dire qu'Aurelio m'a fait autant avancer que Monsieur Thée. Grégoire, quant à lui, a été un maître au même titre que Rose. Chaque être ayant partagé des instants de ma brève existence a été un guide. Chacun m'a réveillée.

Peu importe le genre d'hommes que l'on côtoie ou les événements qui nous arrivent, ce qui compte c'est notre manière de réagir, les leçons que nous en tirons. Nous ne devrions pas séparer le bien et le mal, mais simplement les observer lorsqu'ils s'entrelacent pour la danse de la vie. Le rythme varie entre la valse et la danse du diable, à nous d'observer, d'apprendre, d'agir.

Si Deprah dans sa bonté et sa tendresse m'a rendue heureuse, Aurélio dans toute sa folie m'a permis de trouver la force et la sagesse nécessaires à ma formation. L'arrivée de Monsieur Thée a donné un sens à ma vie, mais sa mort m'a appris à me tenir debout.

Il n'y a pas de plus grand maître que la vie elle-même. Il n'y a pas de guide plus précieux que cette même existence qui anime l'autre. La vérité, c'est qu'il n'y a pas d'enseignement caché. Tout est là, sous nos yeux. C'est la forme que prend l'instruction qui nous étonne.

Il n'y a pas de vie *après* la mort. Il n'y a que celle qui m'habite aujourd'hui et qui m'accompagnera pendant des siècles et des siècles, changeant tout simplement de forme à chaque voyage.

Tout dans l'univers concorde à notre évolution. Il faut laisser au Dieu de l'inspiration le soin de nous guider, permettre au Ciel, notre père de nous discipliner et à la Terre, notre mère de nous enseigner la tendresse et le don de soi. La mort nous apprend le détachement et la vie nous ramène à l'esprit du moment présent, du pardon, de la paix. Mille milliards d'esprits sont présents. Laissons à chacun le soin de bien faire son travail.

Épilogue

Je regarde par la fenêtre de l'hôpital et je sais que ce sera la dernière ouverture par laquelle je pourrai voir la terre où je suis née. C'est aujourd'hui mon dernier jour. Et alors ?

Il me reste vingt-quatre heures pour faire ma valise de la vie. Dans ce bagage, j'emporte le souvenir de la main caressante de mon grand-père qui m'a appris la douceur.

Je conserve une amitié de jeunesse, celle de Martine, à la taille fine, à l'humeur changeante, aimant les garçons. Elle m'a appris à être frivole de temps en temps.

Toi Deprah qui pleure dans le couloir, tu m'as enseigné à transformer une dépendance en amour véritable. Je t'aime pour toute la liberté que tu m'as laissée, je t'aime surtout parce que tu m'as permis de partager des mots, des idées, des valeurs. Avec toi, j'ai appris une philosophie qui me suivra éternellement.

Dans cette malle, je dépose aussi Rose, ma chère amie ! C'est toi qui m'as redonné le goût de vivre à une époque où je ne voyais que du noir. Merci pour toute cette force que tu m'as fait découvrir en moi.

Renée est là. Merci de m'avoir dit un jour « je t'admire ». Tu m'as sauvé cette vie que j'ai peine à quitter aujourd'hui.

Aurelio, Grégoire, Sœur Marguerite ont eux aussi une grande place. Curieux comme le temps a adouci leurs traits !

Monsieur Thée est là, quelque part dans mon cœur. Il attend avec moi l'heure du départ.

Les Hommes m'ont offert tout ce qui m'est nécessaire pour aller au Ciel.

Je pars le cœur plein de vous.

Prière au Grand Créateur

J'ai mis du temps à saisir ton plan, mais les années sont sans importance. Ce qui compte, c'est le bonheur que je ressens d'avoir enfin trouvé réponse à cette question : « pourquoi ma vie ? ».

Si Monsieur Thée a semé en moi cette envie de créer, si à mon tour j'ai donné à mes concitoyens un sens à leurs gestes quotidiens, aujourd'hui c'est Toi et moi qui travaillons ensemble. Je me sens comblée, remplie de ta grâce, de ton illumination. Les mots sont sans importance. Mon être s'empare de toute la place, il est ce que je suis.

Cet état d'union avec Ta Création c'est ce que j'ai cherché ma vie durant. Quelle belle existence, comblée de recherche et de passion !

Je pars la tête en paix, vide des tourbillons inutiles, remplie de l'assurance d'un travail bien accompli : celui de ma propre création C'est l'acte de créer qui a donné un sens à ma vie et c'est celui de partager qui m'a rendue heureuse.

Merci Grand Créateur de m'avoir donné cette chance sublime de vivre sur cette planète où tant de travail reste à faire. Si j'ai déjà pensé qu'une vie me suffisait sur terre, aujourd'hui je sais que j'y reviendrais cent fois sans jamais me lasser.

J'ai peine à quitter mes amis, je suis triste de quitter le fleuve que j'ai tant aimé.

J'ai peur qu'il n'y ait pas de mots dans l'au-delà pour partager toute la vie de la terre avec les anges.

Je crains d'oublier toute la joie que j'ai ressentie à la fin de ma vie, cette joie émanant de la satisfaction d'une existence bien remplie.

J'ai peur de ne plus entendre le bruit des vagues ou la voix de Deprah, de ne plus sentir la chaleur du feu, la douceur des mains de Rose.

Malgré cette crainte, je ressens la hâte d'arriver dans ces nouveaux lieux et mon empressement l'emporte sur l'appréhension.

J'ai de grands projets : je vais ouvrir un salon de thé au Paradis. Qui sait, peut-être qu'un auteur grec viendra y partager sa passion de mots et de création.

Merci Père de l'Univers, Grand Créateur, pour ce que tu as semé en chacun de nous.